2020—2021 年度河北省社会科学基金项目课题：

新时代大学生国家认同的生成机制及培育路径实践研究(HB20JY028)

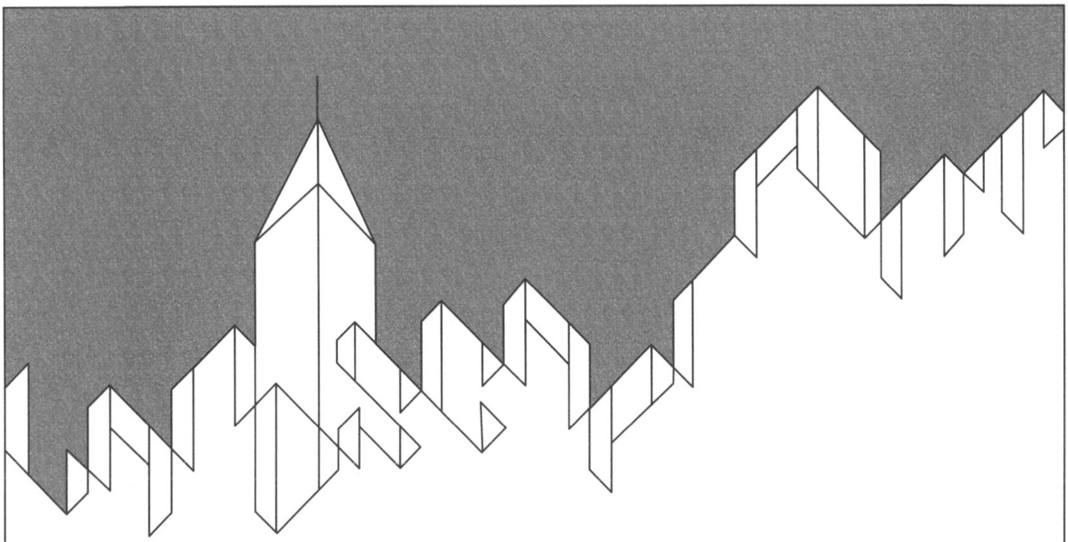

新时代大学生国家认同的生成机制及培育路径研究

安晓镜◎著

天津社会科学院出版社

图书在版编目（CIP）数据

新时代大学生国家认同的生成机制及培育路径研究 / 安晓镜著. -- 天津 : 天津社会科学院出版社, 2022.9
ISBN 978-7-5563-0858-3

Ⅰ. ①新… Ⅱ. ①安… Ⅲ. ①大学生一爱国主义教育一研究一中国 Ⅳ. ①G641.4

中国版本图书馆 CIP 数据核字(2022)第 183498 号

新时代大学生国家认同的生成机制及培育路径研究
XINSHIDAI DAXUESHENG GUOJIA RENTONG DE SHENGCHENG JIZHI JI PEIYU LUJING YANJIU
选题策划：韩 鹏
责任编辑：王 丽
装帧设计：高馨月
出版发行：天津社会科学院出版社
地 址：天津市南开区迎水道 7 号
邮 编：300191
电 话：（022）23360165
印 刷：北京建宏印刷有限公司
开 本：787×1092 1/16
印 张：15
字 数：210 千字
版 次：2022 年 9 月第 1 版 2022 年 9 月第 1 次印刷
定 价：78.00 元

目 录

序 言

国民对国家的认同感是民族国家自立于世界民族国家之林的重要基础。向现代转型的国家里一共存在六种危机，即认同危机、合法性危机、政府权力渗透的危机、参与危机、整合危机以及分配危机。“第一位，并且也是最基本的”，就是国家的认同危机。新时代加强国民尤其是大学生的国家认同教育，对于振奋民族精神、凝聚全民族力量，决胜全面建成小康社会，夺取新时代中国特色社会主义伟大胜利，实现中华民族伟大复兴的中国梦，具有重大而深远的意义。

2020 年出台了 1 号文件《教育部等八部门关于加快构建高校思想政治工作体系的意见》指出，在教育工作中要加强政治引领。全面推动习近平新时代中国特色社会主义思想进教材、进课堂、进师生头脑，开展理论教育培训，编写出版理论读物，打造示范课堂，运用各种载体分群体深入开展习近平新时代中国特色社会主义思想学习研究宣传工作。加强爱国主义、集体主义、社会主义教育，把制度自信的种子播撒进青少年心灵，引导师生不断增强“四个自信”，以及组织各方面英雄模范人物进校园开展思想政治教育。

我国有独特的历史、独特的文化、独特的国情，决定了我国必须走自己的高等教育发展道路，扎实办好中国特色社会主义高校。高校开展国家认同教育从本质上来讲，就是要把对大学生的教育同我国发展的现实目标和未来方向紧密联系在一起。国家认同教育是高校的大局、大事。高校通过国家认同教育可以进一步引导大学生树立正确的国家观、民族观、文化观和价值观，增强“四有自信”。

本书从以下几个方面来对当代大学生国家认同的生成机制即培育路径进行论述。第一章对国家认同的相关概念和理论概述进行总结，论述了当代时代背景的具体特征，梳理了国家认同及与其相关的概念进行对比分析，并对当前研究国家认同的理论依据进行了阐释，奠定了研究的理论基石。第二章对我国国家认同教育的历史渊源进行了详解。第三章对各个国家的国家认同教育进行了总结，探讨了美国、英国、俄罗斯、德国、法国等国的国家认同教育的内容和实现形式，并对国家认同教育的现状进行总结，期待为我国的国家认同教育提供相应的借鉴。第四章、第五章对国家认同教育的生成机制进行了调查研究，梳理出影响因素的概念及相应的测量工具，并通过对当代大学生进行测量，厘清当代大学生的国家认同现状并运用统计建模的方法建构出影响机制（国家认同为自变量和因变量的两种影响机制）。第六章探讨大学生为国家认同教育的路径，结合国内出台的相关政策，从思政课程、课程思政、组织机构、校园文化及实践活动等多方面来论述国家认同的具体教育路径。第七章是关于红色文化提升大学生国家认同的区域研究。

本书借鉴了国内外的相关研究成果，在此向各位专家学者表示诚挚的谢意。另外，希望笔者拙见能起到抛砖引玉的作用，恳请广大读者提出宝贵意见，以使相关研究更加深入！

2021 年 1 月 31 日

第一章
大学生国家认同教育的理论基础

国家认同概念的首次提出源于20世纪初的行为主义革命,随着学界实证主义的兴起,20世纪70年代,国家认同作为行为主义研究的主题进入政治学领域,并成为研究者关注的热点之一,本章将国家认同相关概念及理论研究进行了梳理。

第一节　大学生国家认同教育的概念界定

国家认同是一个多层次、广维度、宽领域、全方位的问题,它植根于历史基元之上,受国家、社会、学校、个人合力作用影响。其中既包含了国家认同的知识传承,也包含了国家认同的价值观教育,同时还与国家认同的态度与行为培养息息相关①。

① 王莹.德国国家认同感教育的历史经验及启示——基于对1918—1933魏玛共和国教育的反思[J].教育研究与实验,2017(5):73-78.

一、概念界定

国家认同是一种重要的国民意识,是维系一国存在和发展的重要纽带。如果说国家制度是现代国家构建所必需的“硬件”,那么国家认同就是“软件”。国家认同是现代国家的合法性基础,为国家这一共同体维系自身的统一性、独特性和连续性提供保障。国家认同不仅确立了民族国家的身份,而且还使它获得巨大的凝聚力和复原力,对国家的统一与稳定起着至关重要的作用①。

(一)民族认同与国家认同的关系

民族认同与国家认同均属于对某一个群体的归属,源于个人自我的社会本性和社会需求。按照马斯洛的需求层次理论来讲,人的需求有生理的需求、安全的需求、归属与爱的需求、尊重的需求、自我实现的需求五个等级构成,一个人要求与其他人建立感情的联系或关系。这些基本需求和高级需求以个体自身的能力和活动范围为基石。因此,自我必须归属一个更大、更强的群体,才能获得基本的心理依靠,对群体的归属是形成自我认同的基本组成部分。因归属范围的不同而有不同程度的认同,比如,归属到某个群体(地方),就会形成对某个群体(地方)的认同,对某个民族的认同就是民族认同,对国家的认同就是国家认同。

在当前的社会研究中,民族认同侧重于指多民族国家内部,各个民族成员对本民族的归属和情感依附而形成稳定的心理特征,包括对本民族的归属感,对民族的态度以及对民族生活的卷入程度。社会认同理论认为形成民族认同的第一个前提就是人是现实的人,正因为人是现实的人,人才能表现自己的社会性和社会需求,产生归属的愿望。现实的人都是处于各种社会关系

① 姚文帅.国家认同的价值研究[D].中央民族大学,2016.

之中，而这些社会关系需要认同，民族认同表现在对自己所归属的民族共同体各个方面的认同。

民族认同表现在四个方面：第一，对民族族源的认同。具体来讲，就是对本民族的起源的认同，包括民族起源的地理环境、居住环境和生活环境这三个方面的认同。第二，对民族族体的认同。就是对这个民族发展的程度、发展现状及规模的认同。族体的标志最重要的就是民族形象，包括经济、政治、文化和社会建设综合水平的认同。第三，对族际关系的认同，就是指这个民族与对比的族群建设水平及其相互关系的认同。一个民族的族际关系代表着一个民族的地位和影响。第四，对民族文化的认同。民族文化是一个民族传承下来的唯一和重要标志，本民族成员承担者传承民族优秀文化的使命①。

文化适应理论认为在多民族国家中，民族成员对自己民族的认同是影响国家认同最重要的变量，中国的民族文化背景不同于西方移民国家的历史背景，各民族文化在历史的长河中相互交融，“你中有我，我中有你”“各美其美，美美与共”一直是我国政府对待多元文化的态度。在民族团结、相互尊重共同发展的建设背景下，中国56个民族组成了一个更大的“中华民族”，民族认同的形成代表着个体形成了积极的自我评价，获得了基本的归属感。民族认同是身份认同的核心部分，也是形成国家认同的原动力。

（二）爱国主义与国家认同

爱国主义是正确处理个人与他人、社会、国家之间关系的准则，是人们在长期的社会生活实践中形成的一种对自己祖国的深厚感情，并在此基础上产生的对祖国忠诚与奉献的行为②。爱国主义反映了个体对自己国家的依存关系，表现了个体对自己国家的热爱。爱国主义既是一种深厚的情感，更是一

① 赵志朋．政治稳定视域下跨界民族认同差异的来源研究［D］．东北师范大学，2019．

② 冯正强．社会主义友善价值观研究［D］．西南交通大学，2018．

种自觉的理性。对一个民族而言，爱国主义是一个民族感情维系的纽带，是民族凝聚力的根本源泉，是一个民族生存与发展的重要思想基础。

对一个国家而言，爱国主义是坚持国家独立、维护国家利益、推动国家发展的不可或缺的精神动力。爱国主义还是当代维系民族国家政治合法性的重要保障。一个人不管其族籍、信仰和政治立场如何，作为国家的一名公民，在享有各种权利的同时，也必然承担着热爱国家、报效国家的责任和义务。因此，只要国家存在，爱国主义就必须存在①。

国家认同与爱国主义密不可分，二者相辅相成。爱国主义与国家认同都源于人的本能需要。爱国主义是人类的心理归属的本能需要，是人类的自然情感，超越社会不同发展阶段而固定永续的情感。如果个人离开国家，没有国家的依靠和保障，就如同“无源之水、无本之木”②。而作为个人最重要的集体认同和重要的国家认同，也是个体通过明确“我们”与“他们”的不同，更加确认“我们”之间的相同，从而在彼此内心深处形成一种“准亲属关系”或“同伴的感觉”。

国家认同与爱国主义都是个体归属于某个群体的正常需要，并且，这种需要都是建立在一定历史文化的基础上。因为这种历史文化，构成了国民群体认同的心理基础，唤起了共同的“历史记忆”，从而促进了国民对于国家的深厚感情。当然，国民对国家的深厚感情的重要表现，就是把自己的命运与国家的命运密切结合，积极地为国家的发展效力，为国家的繁荣贡献力量，甚至愿意在国家有危难时奉献自己、牺牲自我。无论是国家认同，还是爱国主义精神，其最终的归属都是奉献和效忠行为的具体体现。不管这种奉献和效忠是国家自上而下规定的一种“义务”，还是个人认为值得追求的一种“私

① 赵轩. 实践论思维方式中的爱国主义教育理论研究[D]. 东北师范大学，2019.

② 于德. 习近平精准扶贫思想研究[D]. 中共中央党校，2019.

德”,都是国家认同应尽之义。

(三)公民教育与国家认同

国家认同是现代国家的合法性基础,是维系国家团结统一的重要纽带。公民教育是建构和提升国家认同的重要方式。公民教育强化公民的身份认同及国家归属感,这是建构和提升公民国家认同的前提和基础,公民教育促进公民对国家制度的认同,是国家认同的关键,公民教育促进公民对国家核心价值的认同,是建立公民国家认同的核心,公民教育培养公民的国家责任感,是国家认同的根本①。

公民教育是建立在公民身份基础上的概念,而关于公民身份美国学者托马斯·雅诺斯认为“公民身份是个人在一民族国家中,在特定平等水平上具有一定普遍性权利与义务的被动及主动在培的成员身份”②。《大不列颠百科全书》对公民教育的解释:“公民身份指个人同国家之间的关系,这种关系是:作为国家群体中的个人应对国家保持忠诚,并因而,享有受国家保护的权利。”从根本意义上来讲,“公民身份”指个体在国家公共生活中的角色归属,即在公共领域中涉及的“我是谁、我应该做什么”,而公民教育是对“公民身份”的教育活动。

公民教育迄今并没有一个公认的规范性表述,但无论如何界定,公民教育始终都是关涉公民身份的教育③。我国学者李萍认为,公民教育应当是以公民身份的本质特征为基础和核心,而建立起来的教育目标体系。托尼·蒲达则指出,公民教育目标通常包括国家的效忠、有关政体的历史和知识,对于政治当局的积极态度,法律和社会规范的服从,社会基本价值的信仰、政治参

① 顾成敏.公民教育与国家认同[J].郑州大学学报(哲学社会科学版),2011,44(4):34-37.
② 任勇.公民教育与认同序列重构[D].复旦大学,2011.
③ 年勇.公共理性视域中的公民意识研究[D].复旦大学,2013.

与的兴趣、政治功效的意识以及政治沟通的技能①。

综上所述,公民教育是有关公民身份的教育,是旨在培养公民忠于国家、自觉践行公民权利与义务的品格与能力的教育。其主要目标是培养公民意识,包括国家认同意识、权利与义务意识及公共责任感等。其中国家认同意识是国家对其所属成员最基本的要求,因而也构成公民教育首要的或最基本的教育目标。正如德国著名教育家凯兴斯泰纳所指出的,"国民教育的最后目标,就是教育人们获得某种国家意识"②。

国家是人类根本性的政治归属,也是公民最重要的政治效忠对象。但国家的存在是建立在一定道义基础上的,其最稳固的支撑就是国民的国家认同感③。公民的国家认同,首先是对国家具有归属感,自己看作这个国家共同体的一员;其次是具有国家意识,能够从国家的角度来考虑自己与国家的关系及其他相关的问题;再次是尊重国家的核心价值观,生发爱国主义情怀,能够对国家的成就和荣誉引以为豪;最后也是最根本的,是效忠于国家意愿。

国家认同作为一种重要的公民意识,是现代国家的合法性基础,是维系国家团结和统一的重要纽带。国家认同也是公民"爱国主义"的基础和力量之源。人们只有确认了自己的国民身份,了解了自己与国家存在的密切联系,将自我归属于国家,才会关心国家利益。

公民对国家的认同基于对国家与公民之间关系的深刻认识,基于对社会政治共同体功能的理性以及经验认识。而"教育是达到分享社会意识的过程的一种调节作用,而以这种社会意识为基础的个人活动的适应是社会改造的唯一可靠的方法"。

---

① 俞冰.高校公民身份教育现状与影响因素研究[D].苏州大学,2016.

② 徐小洲.论凯兴斯泰纳的公民教育思想[J].杭州大学学报(哲学社会科学版),1997(3):77-83.

③ 俞可平.论全球化与国家主权[J].马克思主义与现实,2004(1):4-21.

第一，公民教育促进公民的身份认同及国家归属感，是公民国家认同的前提和基础①。公民身份是法律赋予公民的国家正式成员身份，基于这种身份或资格，公民享有相应的权利及其带来的各种资源。公民在辨识与确立公民身份或公民权利的时候必然通过对国家共同体的认可和接受表现出来②。

第二，公民教育促进公民对国家制度的认同，是国家认同的关键。国家认同在本质上是一种政治认同，而制度认同是最基本最稳定的因素。制度认同是公民对国家制度框架体系的认可与支持，是国家政治合法性和政治稳定的重要前提。政体如果要达到长治久安，必须使各部分、各阶级的人们都能参加而且怀抱着让它存在和延续的意愿③。

第三，公民教育促进公民对国家核心价值的认同，是国家认同的核心。核心价值体系是统领国家的精神之魂，是国家团结与统一的共同价值基础，表现为社会凝聚力。核心价值观始终是维系社会秩序的“黏合剂”，是培育公民形成统一意识的深层力量，是无可替代的“软实力”④。

第四，公民教育培养公民的国家责任感，是国家认同的根本。公民的国家责任感是公民对国家所负责任的认识、情感和信念以及与之相适应的遵守规范、承担责任，履行义务的自觉态度。公民国家责任感是在国家认识、国家情感、国家信念的进一步升华中产生的，具有国家责任感才能转化为爱国行动。愿意为国家的利益而努力，有着强烈的国家责任感是国家认同的最高境界，是公民美德的重要表现⑤。

---

① 顾成敏．公民教育与国家认同[J]．郑州大学学报(哲学社会科学版)，2011，44(4)：34－37.

② 赵志朋．政治稳定视域下跨界民族认同差异的来源研究[D]．东北师范大学，2019.

③ 马珂琦．新时代中国特色社会主义文化创新研究[D]．西北大学，2019.

④ 孙绍勇．意识形态安全理念深化视域下中国特色社会主义文化自信研究[D]．上海交通大学，2019.

⑤ 耿亚军．和谐社会视野下民族院校公民教育研究[D]．西南交通大学，2013.

(四)国家认同的核心定义

阿尔蒙德提出了国家认同的最早定义:认为国家认同必然会与政治共同体相连接,而国家意识起到对政治共同体的支持。国家认同意识会受群体的传统观念、认知习惯和日常行为的影响。亨廷顿从国民性角度,认为国家认同实质是由各种各样长期的、根本性的、往往还彼此冲突的社会趋势、经济趋势和政治趋势逐渐形成的。江宜桦认为,国家认同是一种个体的心理活动和行为选择。吉登斯、史密斯等,也从不同维度对国家认同概念进行了界定。

总之,国家认同是对共同体归属的共性精神与主体意识,即共同体内公民对政治传统、文化理念和价值观念等自觉接受并遵循的一种心理状态。因此,除政治意义外,国家认同建设是连接文化与精神层面的情感纽带。而国家认同教育是通过设计并运用一定的手段,将设计的内容传递给被接受的人并且使之接受教育,在这个传递的过程中,通过多样的方法达到国家认同的目的。

第二节　国家认同的相关理论研究与拓展

一、相关理论研究

(一)社会认同理论与国家认同

20 世纪 60 年代的欧洲社会逐步走向分化和动荡,在这一背景下,认同理论开始关注社会存在的现实问题,并注重提出有效的解释和解决途径。社会认同理论从最初关注个体的自我认同,转变为关注社会的社会认同。

1972 年公开发表了第一篇相关的研究理论,直至 1978 年,社会认同这个概念才被学术界公开接受①。1987年，澳大利亚社会心理学家迈克尔·豪格和英国社会心理学家多米尼克·阿布拉姆斯出版的《社会认同过程》被认为是研究社会认同理论的经典之作。该著作提出："归属于某个群体在很大程度上是一种心理状态，这种状态与个体茕茕孑立时的心理状态截然不同。归属于一个群体就会获得一种社会认同，或者说是一种共享的集体表征，它关乎了：你是谁？怎样行事才是恰当的。"②

（二）现代主义理论与国家认同

20世纪60年代，在非殖民化和大批亚裔、非裔等移民群体的产生背景下，产生了"现代主义"民族理论这一理论观点。该理论强调民族现代的政治属性和公民属性。基本观点如下：第一，民族为拥有疆域的政治共同体，是由法律上平等的公民组成的有主权的共同体，它与现代国家结合而构成民族国家。第二，民族的产生只具有现代性，而不具有久远的历史性。第三，在现代社会中，民族为共同体成员构建出政治关系，并以民族国家为全体成员的首要忠诚对象。第四，民族是现代国际舞台上的主要政治行为者。现代性和政治性是现代主义强调的重点。③

从现代意义上来讲，民族的定义及内涵虽与资产阶级革命密切相关，但仍具一定人为性，而这种人为性的构建以一定的语言、习俗、历史、宗教、地域甚至血缘等客观因素为基础；同时，也必须以一定的客观因素为基础。

随着时代的发展，20世纪末在现代主义的基础上形成了后现代主义，后现代主义是西方社会流行的一种哲学和文化思潮。后现代主义的价值取向主要包括：反对权威、中心、本质，崇尚随机性、多元性、相对性，放逐作为主体

---

① 陈志霞．社会心理学[M]．北京：人民邮电出版社：，2016：343．

② 马进．社会认同是怎样进行的—— 一种社会认同理论[J]．甘肃理论学刊，2014，4，(1)：78－81．

③ 常安．统一多民族国家的宪制变迁[M]．中国民主法制出版社：西北地区稳定发展与国家安全研究系列丛书，2015：295．

的个人,逃避责任,消解终极意义的追求,颠覆时间向度,沉浸于游戏短暂刺激中,标新立异。其影响遍及各个领域,强调反思和批判精神,反中心和提升非理性,倡导多元化的方法论,提倡淡化价值判断是其显著特征①。

（三）族群—象征主义与国家认同

安东尼·史密斯发展提出的族群—象征主义研究范式,被认为是西方民族主义理论的代表。安东尼·史密斯强调民族与民族主义形成与演进的族群基础,并对历史记忆等文化认同因素进行了关注②。史密斯既重视真实的历史记忆也重视具有话语权意义的历史记忆,强调二者在民族与民族主义的形成与演进过程中共同发挥重要作用。史密斯一方面将历史记忆看成相对恒定的,大家有着大体相同的历史记忆指向;另一方面,又将历史记忆看成变动的,在民族与民族主义形成后依然发挥着不同的作用。③

族群—象征主义民族理论观点,是在批判"现代主义"民族理论基础上形成的。族群—象征主义强调主观因素在族群延续、民族形成和民族主义影响中的作用。族群—象征主义有以下几个特点:①族群—象征主义者强调不同的精英们与他们所代表的下层民众之间的联系。②通过长时段的对社会和文化模式进行分析,引导人们注意过去的集体认同形式对民族复兴的影响,并且承认历史记录中有许多断裂和不连贯性。③在族群的框架中对民族和民族主义兴起进行分析。④注重研究族群和民族认同中公众的、道德的和情感的维度。④

那么族群为民族提供了怎样的基础呢?史密斯为族群共同体总结了六大构成要素,即"①恰当的集体名称;②共同的祖先神话;③共享的历史记忆;

① 高宣扬.后现代论[M].北京:中国人民大学出版社:中国当代学术思想文库,2016:591.
② 王文奇.解读安东尼·史密斯的族群—象征主义[J].史学理论研究,2014(3):67-75+159.
③ 王文奇.解读安东尼·史密斯的族群—象征主义[J].史学理论研究,2014(3):67-75+159.
④ 赵志朋.政治稳定视域下跨界民族认同差异的来源研究[D].东北师范大学,2019.

④一种或多种共同的文化特质因素；⑤与一片独特家园的联系；⑥人口中大部分群体的团结意识”。史密斯对于族群共同体的构成，极大地突出了主观因素的作用，强调认同的重要性，突出强调个体自身主观能动性的发挥①。

（四）全球化与国家认同

20世纪60年代，英语有了“globalization”这一词汇，全球化逐渐引起了学者们的普遍关注。90年代后，全球化已成为学术界关注的核心概念之一，对世界的各个方面均产生了很大的影响②。国际货币基金组织的定义，“全球化是指跨国商品与服务交易及国际资本流动规模和形式的增加，以及技术的广泛传播使世界经济的互相依赖性增加”，是由政治逻辑即霸权在国际体系中的兴衰所形成的，全球化最强的时期是与霸权国家在全球体系中的强大相联系的，而霸权的衰落则导致不稳定的增长和全球相互依赖的减弱③。

全球化是以经济全球化为起始，包括政治、经济、社会、文化各个领域的综合动态的过程。安东尼·吉登斯的观点，全球化的本质是“流动的现代性”。全球化在内容上体现主要是由以美国为核心的西方国家的资本及其衍生品所主导，涉及政治、经济、思想文化和社会生活等领域。俞可平认为，全球化不是单纯的一体化或同质化，它是一个合理的悖论：既是普遍化，又是特殊化；既是国际化，又是本土化；既是一体化，又是分散化。

全球化首先是一个过程，但它不可避免会引起政治和文化的变迁，从而或多或少成为一种政治和文化现象。经济全球化、政治多极化、文化多样化和信息网络化，成为21世纪的基本特征。

研究者通常从不同的学术视角和研究角度予以关注和理解。全球化并

① 王文奇. 解读安东尼·史密斯的族群—象征主义[J]. 史学理论研究，2014(3)：67－75＋159.
② 张金洪. 全球化时代的族群认同与国家认同研究[D]. 西北工业大学，2018.
③ 谭学秋. 全球化：进程、趋势及其多维影响[D]. 山东大学，2003.

不意味着一体化或同质化,而是既是普遍化,又是特殊化;既是国际化,又是本土化;既是一体化,又是分散化。全球化不可避免的会引起政治、文化的变迁,从而成为一种政治和文化现象。马克思和恩格斯就曾在《共产党宣言》对全球化进行了说明:由于开拓了世界市场,使得国家的生产和消费都成为世界性的了,不管反动派怎样惋惜,中产阶级还是挖掉了工业脚下的民族基础。过去那种地方的和民族的自给自足和闭关自守状态,被各民族的各方面的互相往来和各方面的互相依赖所代替了。民族的局限性和片面性日益成为不可能。①

(五)多元文化主义与国家认同

多元文化主义起源于20世纪五六十年代民权运动,多元文化主义具备广泛性和复杂性的内涵。其思想根源则应追溯到更早时候的美国历史,美国20世纪初出现的“文化多元主义”思想和黑人民族主义思潮与多元文化主义的兴起关系密切②。20世纪90年代以来,多元文化已成为热点词汇,渗透在各个领域。

多元文化主义是20世纪90年代美国社会一种极为引人注目、又充满争议的现象。作为一种意识形态,多元文化主义对传统的美国思想和价值体系提出了严肃的挑战,促使美国人重新思考美国的历史与未来。作为一种社会实践,多元文化主义改变了美国教育(尤其是高等教育)的内容,并通过联邦政府的相关政策在一定程度上改正了历史上对少数民族和妇女在就学就业方面的体制性歧视,使“多元化”成为当代美国生活中的一个不可忽视的趋势。由于多元文化主义触动了原来的政治和文化结构,它也引起了极大的

---

① 王公龙.共产党人的必修课[M].上海:上海人民出版社:,2018:299.

② 王希.多元文化主义的起源、实践与局限性[J].美国研究,2000(2):44-80.

争议①。

“多元文化主义”与其说是一种严格的理论，不如说是一种象征性的政治口号。在多元文化主义的旗帜下，往往集合了一大批不同的（有时甚至相互冲突的）诉求。有的诉求涉及理论问题（如呼吁推翻西方文明在美国教育和文化中的统治地位、建立新的知识话语体系等），有的涉及具体政策（如要求政府加大对少数民族集中居住区的教育和经济资助、要求增加少数民族和妇女雇员等），还有涉及具体的社会行为和态度（如要提倡对包括同性恋在内的不同生活方式的包容和尊重、严禁在言语方面避免使用伤害他人的字眼词句等）②。

多元文化教育是一个引导学生自我发现和达到个人效能感的过程。涅托提出了多元文化的定义：“多元文化教育是一个针对全体学生的全面的学校改革和基本教育的过程，不论在学校和社会，它挑战和拒绝种族主义及其他各种形式的歧视；接受和肯定学生、社区和老师们反映出的多元主义（包括民族的、重组的、语言的、宗教的、经济的、性别的等）。”③多元文化教育渗透学校的课程体系和教学策略，多元文化教育要求教学方法和观念的改变。

当代中国的多元文化主义。与其他国家，尤其是西方国家相比，中国的文化多元化有其自身的特色。中国是多元文化的一个典范，虽然有很多不同的价值观念，但又有一个统一的价值观念，即习近平主席提出的社会主义核心价值观念：倡导富强、民主、文明、和谐，倡导自由、平等、公正、法治，倡导爱国、敬业、诚信、友善，积极培育和践行社会主义核心价值观。其中，富强、民主、文明、和谐是国家层面的价值目标，自由、平等、公正、法治是社会层面的

---

① 中国人民大学马克思主义学院. 21 世纪马克思主义理论研究的探索与创新[M]. 北京：中国人民大学出版社，2016：705.

② 冯仕政. 西方社会运动理论研究[M]. 北京：中国人民大学出版社：社会学前沿论丛，2013：393.

③ 贺新宇. 多元文化视域下的民族地区和谐教育研究[D]. 西南大学，2016.

价值取向，爱国、敬业、诚信、友善是公民个人层面的价值准则。这24个字就是中国目前通行的价值观。

在此背景下，国家认同所需要信息的选择性、挑战性等多样化的特征，也会必然涉及选择者的世界观、人生观、价值观。因此，当一个人要依靠文化记忆信息来决定自己的国家认同时，就必须选择与中华人民共和国宪法相符合的世界观、人生观、价值观。

第三节　新时代大学生国家认同教育研究的背景

国家认同是重要的国民意识，关注的是成员对所属国家在情感、信念上的依附和归属，是维系一个国家生存和发展的精神纽带。新时代大学生是实现伟大中国梦的主力军，他们的国家认同水平关系着中国的前途和命运。

一、国内相关研究动态

（一）研究视角

首先在内涵和特征解析上，国内目前内涵的界定有三种取向：内容取向关注的核心是国家认同涵盖哪些方面内容；心理取向强调个体的心理状态和认同的形成过程；关系取向认为认同是与某族群建立联系的心灵性活动。曾水兵等认为国家认同具有民族性和境遇性；苏德则认为具有长期性和可变性。

理论取向和结构内容，理论依据有：社会认同、自我归类、双重态度等六种，理论背景不同会提出不同的概念和测量工具及假设，这既是优点但也会造成研究者的困扰。基于不同的理论背景，对国家认同的结构内容进行了解析，包括语言、历史文化认同、经济福利认同和政治法律认同，石亚洲认为包括政治认同、历史认同和文化认同。

周光辉、刘向东指出发展中国家的现代化尚未完成，面临着社会转型的风险，呈现结构性失衡，导致了发展中国家的国家认同危机的发生。全球化造成国家的虚无主义，信息化削弱了国家认同的强度，后现代主义解构了民族文化的元叙述，使得国家认同呈现出消解与重构、削弱与强化并行的特征，造成了认同危机。

（二）研究方法

以定性研究为主。多从实际工作出发，进行理论性逻辑分析。问卷和测量等实证方法。选取某一特定群体为研究对象，在数据分析的基础上，推论出国家认同的结构特征，了解认同现状。基于国际比较研究，得出基于中国本土情境下国家认同的内涵、内容，进行比较研究。

通过问卷调查的方法对当代大学生国家认同的现状进行了研究，学生国家认同水平较高，当今的大学生对国家具有非常明确的归属感、自豪感和责任感，且形成一种为国家挺身而出的使命感，十分关心国家的大事和国家的前途命运。

（三）主要研究内容

1. 概念辨析

国家认同是比个体认同、集体认同和社会认同更高级的认同。国家认同的实质是政治认同，而民族认同的实质是文化认同（周平，2017）。将国家认同看作社会心理变量，国家认同是多维度、多结构的测量模型，认同的形成是一种从认知到情感，进而到行为的心理过程，并与整个社会环境产生相互作用，具有本质性、实证性、简洁性的特征。

2. 国家认同的生成机制

肖滨依据认同的三种含义归结出国家认同的两个层面：归属性和赞同性

认同。前一层面定位于公民文化中体现的公民心理上的归属；后一层面着眼于赞同。杨子桢借助内隐测验的方法证实了外显认同和内隐认同两种认同机制。大学生的国家认同始于20世纪90年代初，多以某一少数民族或地区为研究对象来解读国家认同。李永政等人研究发现西部少数民族大学生群体的国家认同具有地域性、民族性和多元性的特征。许亚锋信息化背景下新媒体接触行为增强了少数民族大学生的国家认同。

二、国外相关的研究动态

始于20世纪50年代，初期倾向于宗教和法律的角度，局限于哲学和心理学学科。70年代后，开始从政治学角度探讨认同问题，从政治伦理学的角度对国家认同问题进行系统研究。90年代后，出现了一系列有影响力的研究成果，不仅在国家和个人层面还从理论角度和实践的角度，对国家认同进行了解读。

（一）理论研究

欧美存在差异，虽都以社会认同为主要理论依据，美国倾向于以微观社会学或符号互动论为基础的社会认同理论，而欧洲则倾向于认知发展为基础的社会认同理论。如安德莉亚·波尔曼（Andreas Pollman）基于社会认同理论，认为认同的形成需要经历分类、比较和积极区分三个心理历程。格罗斯（Gross）从符号互动论的观点出发，认为民族国家的双重结构决定了国家认同的两种逻辑，表现在国家认同的内容和主体上。此外，还有泰勒的文化多元主义和哈贝马斯的政治民族主义。里默尔（Riemer）认为国家认同体现在社会实践中，而话语实践是国家认同形成和表达的重要方式，并运用批判性话语分析的方法对国家认同的建构进行了阐释。科特（Côtê）认为形成认同的关键在于从复杂的社会矩阵中建构实用的身份。拉弗朗布瓦兹（LaFromboise）等人总结提炼出个体，国家认同建构的五种机制模式，其中交替机制与多元机制具有明显的认同共生论,对国家认同的形成起到了决定性作用。

(二)实证研究

初期围绕种族和宗教的更新,实证研究并不多见。20 世纪 90 年代后,琼斯和菲利普(Jones & Philip)认为国家认同是非物质的,代表了一种对国家主观依恋的普遍感觉。此时人们倾向于将国家认同看作一个社会心理变量,充分运用假设、模型和统计分析手段,进行影响机制的数据模型建构。

其中,最著名的是加拿大跨文化心理学家贝瑞(Berry)以移民青少年为研究对象进行的国际跨文化研究:将国家认同作为一个社会心理变量来进行分析,证实国家认同受诸多因素如涵化策略、移民意愿的影响。积极的国家认同可提高青少年的自尊、主观幸福感和心理健康程度,还能降低物质滥用的发生率。赫迪和哈提卜(Huddy&Khatib)通过为期三年的纵向研究表明国家认同是预测大学生进入社会后政治兴趣和选民投票率的唯一衡量标准。

但随着移民和各种跨国力量的兴起,对某一特定群体的国家认同是研究的热点,尤尔根(Jürgen)对东欧地区穆斯林进行了调查,发现群体地位差异、群体歧视感知能够影响移民个体的国家认同水平。近年来,研究范围逐步扩大,萨巴提(Sabatier)对法国 365 名二代移民青少年国家认同的形成过程及生成机制进行了系统研究,国家认同作为社会心理变量还受父母关系的感知及父母是否感知歧视的倾向,并通过数据模型提出两维(肯定和探究)机制假设。

综上,国内外研究为本课题提供了丰富材料和实践经验。然而总体存在一些问题:从基础研究来看,已有成果集中在具体工作领域中,如少数民族等领域;对影响因素、培育路径等的探讨大都停留在学理分析的定性研究中,带有经验总结的意味,深层次的提炼和把握较少。从实践探析来看,定量研究明显缺乏,更缺乏在较广范围内的实证研究。而且,即使有少量的问卷研究,取样时主观性、随意性较大，而且抽样的样本规模也较小，代表性也较低，指标的构建和筛选缺乏科学统计抽样的方法指导，更缺乏对生成机制的统计探析和建构。

三、互联网时代与国家认同

互联网时代最主要和重要的特征就是人们要高度依赖于大众媒体。互联网所提供的信息会对公众形成和塑造一定的心理定式产生一系列的影响，对人们学习、生活和工作中具有非常重要的权威性和不可替代性①。互联网在整个国民生活中，发挥的作用越来越重要②。

互联网的飞速发展也使得国家认同、族群认同、文化冲突与融合等问题显现出来。目前，各个国家都通过媒体平台，多方位地进行国家认同教育。互联网语境下，人类的文化记忆变得更加丰富、多元、无边界，从而给人们认识过去的历史和自己的身份认同（民族认同、国家认同等）提供了更加充分的档案材料或者历史依据。也就使得国家认同变得更加具有选择性、挑战性、复杂性③。

国家认同所具备的挑战性、复杂性以及选择性，对于中华人民共和国公民来讲是特别重要的。多媒体丰富多彩、是非难辨的信息为国民形成积极国家认同提供了大量的依据，需要公众进行分辨选择④。

---

① 李良荣. 新闻学概论[M]. 上海：复旦大学出版社，2013：420.

② 杨惠林，赵琴粉. 大众传媒与国家认同的关系——基于媒介哲学的分析与思考[J]. 新闻知识，2015(10)：3－5.

③ 胡百精. 公共传播与社会治理[M]. 北京：中国人民大学出版社，2020：418.

④ 黄卫星，张玉能. 互联网语境下的文化记忆与国家认同[J]. 武汉理工大学学报(社会科学版)，2018，31(2)：12－22.

第二章
国家认同教育的历史渊源

中国历史悠久，文明灿然。根据史书记载，公元前21世纪产生了国家，学校教育也随之产生。自此以后，国家认同教育成为学校教育的重要内容，且随着时代的发展逐步加强，学校教育从未中断。

第一节　古代学校教育的发展简史

我们这里所说的教育，主要是指对在校学生进行的学校教育。学校教育是教育者依据社会的主流价值观，根据政府或社会的要求，对受教育者所进行的一种有目的、有计划、有组织地培育思想品德、传授文化知识和必备技能，锻炼受教育者的体力，发展受教育者智力的活动，其目的在于把受教育者培养成为适应当时社会需要的合格人才。

一、官学及其教育内容

（一）古代官学的历史发展

中国是历史悠久的国度，有五千年的文明史。夏朝时就有了以教育为职能的学校,称为"校"。到了商朝,称为"序",周朝时叫作"庠"。正如《孟子·滕文公上》所说:"夏曰校,殷曰序,周曰庠。"商朝的"序"分为"东序""西序",前者为大学,在国都王宫之东,是贵族及其子弟学习之地;后者是小学,在国都西郊,是平民求学的地方。

西周时期的学校组织体系比较完善,当时的学校分为国学与乡学两种①。国学为中央直属学校,乡学是地方学校。国学专为贵族子弟而设,按学生入学年龄与教育程度分为大学、小学两级。乡学主要按照当时地方行政区域而定。因地方区域大小不同,亦有塾、庠、序、校之别。一般情况下,塾中优秀者,可升入乡学而学于庠、序、校;庠、序、校中的优秀者可升入国学而学于大学。汉朝时,正式创办了国家的中央官学。魏晋南北朝时期政局纷乱,官学时兴时废;及至唐朝,中央官学繁盛,制度完备,南宋以后逐渐走下坡路②。

根据中央官学各自所定的文化程度、教育对象和教学内容的不同,可将整个中国封建社会的中央官学分为最高学府、专科学校和贵族学校三大类③。太学和国子监是中国封建时代国家的最高学府,是封建王朝培养人才的主要场所。太学和国子监在办学育才、繁荣学术、发展中国古代文化科学方面,积累了许多宝贵经验,在中国和世界教育史上占有重要地位④。如汉初创立的道学,东汉末创立的鸿都门学,南朝的史学、文学、儒学和玄学,十六国时期后秦设立的律学,南朝刘宋时期设立的医学,唐朝创办的书学,宋朝设立的画学、武学等,都属于培养某种专业人才的专科学校。

贵族学校是特别教育一等亲贵子弟的贵胄学校,专门招收皇室近亲、皇太后皇后近亲及宰相大臣一品功臣的子孙入馆读书。宋代的宗学是专为皇

① 范忠信.官与民[M].北京:中国人民大学出版社,2011:816.
② 陈青之.中国教育史[M].北京:中国文史出版社,2016:752.
③ 李乾夫,李鸿昌,杨更兴,杨增发.中国传统文化概论[M].昆明:云南大学出版社,2018:264.
④ 李乾夫,李鸿昌,杨更兴,杨增发.中国传统文化概论[M].昆明:云南大学出版社,2018:264.

族子孙开设的贵族学校。宋初由诸王附设在王宫里面,属私立性质。宋徽宗崇宁三年(1104),分别在南京、西京设立宗院,置大小学教授两人,专教皇族子弟,称为“宗学”,改私立为公立。同宗学情形相似的诸王宫学、内小学,也是贵胄子弟学校①。

明朝时宗学在两京,凡属宗室年未弱冠的世子及将军中尉等官的子弟,皆可入学读书。清朝的贵胄学校可分宗学和旗学两种。远在入关前,就设立宗学。太宗天聪五年(1631),即令8—15岁的皇族子孙入宗学读书。旗学是清朝中央政府设置的、专门教育满蒙八旗及汉军八旗子弟的贵胄学校。顺治元年(1644),诏设四所八旗官学。世宗雍正元年(1723),又在八旗教场设八旗教场官学,每旗一所。此外,又陆续办起景山官学、八旗义学、咸安宫官学、八旗算学馆、八旗蒙古唐古忒官学、盛京官学等八旗子弟学校②。

中国古代的地方官学自西汉景帝时文翁在蜀郡设学宫开始。汉武帝对文翁设学宫甚为赞许,并诏令天下郡国皆设学宫。从此以后,有些郡开设学宫,至汉平帝元始三年建立了地方学制度,规定郡国曰学,县、道、邑、侯国曰校,乡曰庠,聚曰序③。两汉时期,由于地方官吏多系儒者,对于修缮学宫,提倡兴学比较重视,因而郡国学校得以普遍建立,官学和私学交织发展,形成了“学校如林,庠序盈门”的景象。

魏晋南北朝时期,国家经常处于战乱、分裂状态,官学时兴时废。东晋时期的北方各国,也崇儒立学,有的亦设有地方学校。南北朝时期,重要的地区如交州、荆州、晋平等地都有兴学的记载。北朝地方教育较南朝发达。特别是鲜卑族北魏立国后,采取崇儒政策,重视开办各级学校,培养统治人才④。

① 范忠信.官与民[M].北京:中国人民大学出版社,2011:816.

② 钟国昌(CHUNG Kwok Cheong).明末清初朱明宗室出处研究[D].清华大学,2017.

③ 李尚博.中国古代教育杂谈[J].青春岁月,2013(23):393.

④ 范忠信.官与民[M].北京:中国人民大学出版社,2011:816.

隋代国家重归统一，但由于立国较短，虽隋文帝、隋炀帝皆设庠序郡县之学，但实际上“空有建学之名，而无弘道之实”。唐代是中国封建社会的“盛世”时期，教育事业空前发展，特别是唐代前期，贞观、开元年间官学繁盛。地方官学除在府州和县设有由长史管辖的“儒学”外，还设有直辖于太医署的府州“医学”，直辖于中央礼部下的祠部的府州“崇玄学”①。

宋代地方官学于仁宗庆历四年(1044)开始设立，诏诸州府军监立学，学者200人以上允许设置县学。徽宗崇宁元年(1102)撤销限制，所有州县一律置学。辽、金立国，亦设有地方学校。辽在黄龙、兴中二府设有府学。圣宗统和二十九年(1011)新置归、宁二州，翌年即设州学。此外，各县设县学，皆设博士、助教学官。

元代地方官学制度比较完备，在路、府、州、县四级，设有相应学校，只是未普遍设立。明代前期是中国封建社会地方官学兴盛的时代②。早在明太祖立国之初，即在全国诸府、州、县设立府、州、县学，又在卫所设有卫学，乡村设社学，还在各地方行政机构所在地设置都司儒学、宣慰司儒学等有司儒学。最盛时全国合计有学校一千七百余所。清代地方官学基本沿袭明制，依其地方区划设有府学、州学、县学，并于乡间置社学。各地均设专职学官③。

(二)具体的教学内容

古代官学不仅具有阶级性，而且具有明显的等级性。办学宗旨是培养各种封建统治人才，以供朝廷之用。各朝代设置了专门教育行政机关和教育长官来管辖中央官学。自汉武帝“罢黜百家，独尊儒术”以后，官学教育内容以儒家经籍为主，以四书五经为主要教材。四书是指《论语》《孟子》《大学》和

---

① 郑春光.博弈、知识与教育[D].华东师范大学，2006.

② 李乾夫，李鸿昌，杨更兴，杨增发.中国传统文化概论[M].昆明:云南大学出版社，2018:264.

③ 参刘峰撰文“试论明清湖北地区的官学系统”，见陈锋主编《中国经济与社会史评论(2017年卷)》，中央文献出版社2018年版，第234—262页。

《中庸》;而五经是指《诗经》《尚书》《礼记》《周易》《春秋》,简称为“诗、书、礼、易、春秋”。《论语》作为儒家的经典著作,代表了孔子的主要思想,其中包含仁、义、礼、智、信、恕、忠、孝、悌的教育理念。

1.孔孟的主要教育理念

“仁”是孔子思想的核心,而孝悌是仁的根本,一个孝敬父母尊敬兄长的人,一般情况下也是忠君爱国的①。这是因为自周朝以来实行的分封采邑制度形成了家国同构的社会结构,对于周王朝来讲,周王是国家最高统治者和国家的代名词,周王的同族兄弟被封到大小不同的诸侯国做王侯。以后历朝历代,无论最高统治者和各基层行政层级长官名称如何变化,社会结构基本跳不出家国同构的模式。正因为如此,孝道教育在历朝历代得以强化,孝道教育自然衍生出忠君爱国教育。并且,孝道教育容易被大众接受,具有人性化亲情化特征,容易被读书人接受,进而能培养士人忠君报国的坚定信念。正如孔子在《论语·学而篇》中所说:“其为人也孝弟,而好犯上者,鲜矣;不好犯上,而好作乱者,未之有也。君子务本,本立而道生。孝悌也者,其为仁之本与!”一个孝敬父母的士人君子遵守法纪,报国尽忠是顺理成章的事情。

孟子继承和发展了孔子的政治思想和教育思想,在与墨家、道家、法家等学派的激烈交锋中,孟子维护了儒家学派的理论,确立了自己在儒学中的重要地位,成为仅次于孔子的“亚圣”。孟子的民本思想、仁政思想和“王道”思想是孟子治理国家的政治理想,其“尽心知性”的“内省”修养方法在北宋程朱理学以后被肯定和传承,成为中国知识分子的优良传统。在《孟子》中肯定人的“性善”,提出“内省”的修养方法,目的就是培养读书人“贫贱不能移,威武不能屈,富贵不能淫”的高尚情操,教育这些士人成为大大小小的各级官吏

① 王永祥.儒家家庭教育思想研究[D].兰州大学,2017.

后，要力行民本思想，推行仁政，尽心尽力辅助君主建立“王道乐土”。这不仅仅是培养树立国家意识，而是教育读书人如何为国尽忠了。

儒家学派的重要代表人物，孔子的学生曾子所著的《大学》一书，提出了为政者的“三纲领”（明明德、亲民、止于至善）和读书人修身养性的“八条目”（格物、致知、诚意、正心、修身、齐家、治国、平天下），强调道德修养，完善人格，积极入世，关心百姓疾苦，为国家做出贡献，使自己达到“至善”的理性境地，这是明明白白地培养读书人治国理政应该具有的道德水平，这一过程须臾离不开国家意识。

孔子后裔子思所著的《中庸》，经秦代学者修改整理，到宋元以后，成为官定的学校教科书和科举考试的必读书，对古代教育产生了极大的影响。《中庸》提出了“博学之，审问之，慎思之，明辨之，笃行之”的学习方式和“慎独”的修养方式，目的是帮助读书人成为一个遵守儒家“三达德”（智仁勇）和“五达道”（君臣、父子、夫妇、兄弟、朋友之交）行为规范的士人君子，做到忠君爱国、孝敬父母、夫妻和睦、兄友弟恭、朋友有信，达到了这样一种“致中和”的境界，就会“天地位焉，万物育焉”，也就是社会安宁、人民幸福、生态和谐的幸福国度。

2. 主要教育内容

(1)《诗经》的主要教育内容

《诗经》是一部诗歌总集，共 305 首，包括《风》《雅》《颂》三部分，全景式艺术性再现了自周朝初年至春秋战国时期的社会生活①。《雅》分为《大雅》《小雅》，《国风》和《小雅》中一部分作品生活气息浓厚，反映了社会中下层民众对上层统治者的不满。《雅》《颂》基本上是为特定的目的而写作、在特定场合使用的乐歌，《颂》诗主要是《周颂》，是周王室的宗庙祭祀诗，除了歌颂

---

① 于沁可. 先秦文献中的草木书写及其文化语境研究[D]. 山东大学，2020.

祖先功德以外，还有一部分是春夏之际祈求丰年或秋冬之际酬谢神灵的乐歌，反映了周民族以农业立国的社会特征和西周初期农业生产的情况。

在《诗经》产生的年代，生产力比较低下，生产条件相当艰苦，生活在黄河流域的先民为了生存发展，需要兴水利，事农耕，这些都离不开集体力量。为此，需要建立稳定而和谐的社会秩序，相应地需要抑制其社会成员的个性自由。这种生存发展的社会条件和社会活动，决定了《诗经》的内容和思想艺术特色。

《诗经》的特色和影响，主要表现在以下几个方面：首先，《诗经》是以抒情诗为主流的，歌颂祖先的武功圣德，控诉贪婪者的不劳而获，目的是维护良好的社会秩序。其次，《诗经》中的诗歌，除了极少数几篇，其余绝大部分是反映现实的人间世界和日常生活、日常体验，描述了宫廷的政治风波、田园的四季劳作和青年男女的悲欢哀乐。而这些是治国理政者需要关心的事实，需要了解的社会，需要思考的民生。读书人熟读《诗经》，不仅仅是熟知了周礼，滋润了心田，更主要的是形成了关注社会民生的习惯思维①。

再次，与上述相联系，《诗经》在总体上，具有显著的政治与道德色彩。无论是主要产生于社会上层的《大雅》《小雅》，还是主要产生于民间的《国风》，都有相当数量的诗歌，密切联系时事政治，批判统治者的举措失当和道德败坏。虽然这种批评是站在当时社会公认的原则立场之上的，起着维护当时社会秩序稳定的作用，而不能不抑制个人的欲望与自由。但是，历代优秀知识分子，关心民间疾苦，谴责贪婪荒淫，要求维护合理合度的统治，给予人民较为宽松、可以维持生存的条件，对于社会的发展和民生幸福是有价值的。从这个角度讲，《诗经》培养了读书人的家国情怀和国家意识。在汉代的《毛诗序》中，《诗经》中的篇章一律被解释为对政治、道德或“美”（赞颂）或“刺”

---

① 路新生. 中国近三百年疑古思潮史纲[M]. 上海：复旦大学出版社，2014：506.

(批评)的作品,《诗经》变成了儒家的道德教科书。

(2)《尚书》的主要教育内容

《尚书》是中国第一部上古历史文件和部分追述古代史迹著作的汇编,它保存了商周特别是西周初期的一些重要史料。相传由孔子编撰而成,但有些篇目是后世儒家补充进去的①。《尚书》所录为虞、夏、商、周各代典、谟、训、诰、誓、命等文献。"典"是重要史实或专题史实的记载,"谟"是记君臣谋略的,"训"是臣开导君主的话,"诰"是勉励的文告,"誓"是君主训诫士众的誓词,"命"是君主的命令。《尚书》的要旨一是在明仁君治民之道,二是在明贤臣事君之道。这与春秋战国时代的社会形势有关——春秋以后,礼崩乐坏,公侯们为争霸天下而背信弃义,诡术盛行,不讲信义,人民深受徭役赋税兵灾之苦;臣子不忠,弑君杀父,出现了"春秋之中,弑君三十六,亡国五十二,诸侯奔走,不得保其社稷者,不可胜数"的乱象②。

孔子及其后世儒家痛惜国祚动荡、社会失范和民生多艰,他们借编著《尚书》来传达自己的治国理念,意图让后人记取教训,注重德治,维持社会秩序。的确,《尚书》的"德治"主张深刻影响了后世。汉代儒家总结历史的经验和教训,主张德、力并重,就是既要重视道德,也要重视国家的实力。如王充总结说:治国之道,一曰养德,二曰养力,要"文武张设,德力具足""外以德自立,内以力自备,慕德者不战而服,犯德者畏兵而却"。自汉以来,《尚书》一直被视为中国封建社会的政治哲学经典,既是帝王的教科书,又是贵族子弟及士大夫必修的"大经大法",《尚书》在明明白白地向他们传授治国理念。

(3)《礼记》的主要教育内容

《礼记》是战国至秦汉年间儒家学者解释说明经书《仪礼》的文章选集,

---

① 杨东晨.中华文明探源[M].西安:三秦出版社,2017:649.

② 曾宪义,马小红.礼与法[M].北京:中国人民大学出版社,2011:486.

是一部儒家思想的资料汇编。《礼记》的作者不止一人，写作时间也有先有后，其中多数篇章可能是孔子的七十二弟子及其学生们的作品，还兼收先秦的其他典籍①。《礼记》的内容可以概括为儒家的"礼"，而所反映的核心精神实质上是儒家思想关于"仁""义"的核心精神。"礼"是孔子儒家思想中提出的一种人与人之间关系的行为规范，是指导人们日常生活的一种行为准则。孔子认为"礼出于仁""克己复礼为仁"；《礼记·大学》云："为人君止于仁，为人臣止于敬，为人子止于孝，为人父止于慈，与国人交止于信。"就是说君主要以"仁"作为行动指南，而臣子要敬、人子要孝、人父要慈、国人要信，只有这样社会才是井然有序之"礼"。

同时，"仁"也是"礼"追求的最高目标和境界，"礼"最终要达到"仁"的境界；而"礼"是实现"仁"的手段，此所谓"道德仁义，非礼不成。教训正俗，非礼不备"（《礼记·曲礼上》）。"义"相对于"礼"更具宗旨性和原则性，"义"是通过"礼"这种传统而具体的形式得到实现的，《礼记·中庸》说"义者宜也"其意思正如孔颖达在为《礼记》作疏的解释，"尊卑各有其礼，上下乃得其宜"。所有人都遵守礼的要求，那么"宜"即为"义"，通过"礼"的途径得以实现了。这样，读书人通过学习《礼记》，熟读当时社会的行为规范，按这些规范要求行事，不仅强化了君臣父子家国观念，还能在社会上带头践行社会之"礼"，入朝做忠臣，在家做孝子，在乡成乡贤。

(4)《周易》的主要教育内容

《周易》又称《易经》，是中国传统思想文化中自然哲学与人文实践的理论根源，是古代汉民族思想、智慧的结晶，被誉为"大道之源"，内容极其丰富，对中国几千年来的政治、经济、文化等各个领域都产生了极其深刻的影响②。

---

① 曾宪义，马小红．礼与法[M]．北京：中国人民大学出版社，2011：486.

② 余国瑞．中国文化历程[M]．南京：东南大学出版社，2019：393.

易道讲究阴阳互应、刚柔相济，提倡自强不息、厚德载物。《周易·系辞传上》“子曰：夫易何为者也？夫易开物成务，冒天下之道，如斯而已者也。是故圣人以通天下之志，以定天下之业，以断天下之疑”。孔子认为其《易经》可以统一天下人的思想，安定天下人的事业，决断天下人的疑惑。应该说这三件应该是天下最难之事，学习《易经》正好能使人认识天地根源和运行规律，树立辩证思维，掌握治世良策，实际上是潜移默化地培养了国家民族意识。所以唐代宰相虞世南说，“不学易，无以以为将相”①。

(5)《春秋》的教育内容

《春秋》是依据鲁国世系的编年史，记载了自鲁隐公元年至鲁哀公十四年即公元前722至481年间鲁国和其他国家242年的大事记，传说孔子曾予以修订②。因文字过于简略，相继出现了诠释之作，对书中的记载进行解释和说明，称之为“传”。其中左丘明《春秋左氏传》、公羊高《春秋公羊传》、谷梁赤《春秋谷梁传》合称《春秋三传》，列入了儒家经典。《春秋》对于当时发生的重大事件暗寓褒贬，表达了尊王攘夷、维护统一等思想，向后人传播了维护秩序、实行王道、维护国家统一的治国思想③。

二、私学的教育发展简史

(一)中国古代私学发展

在古代中国社会中，私学是与官学相对而存在的，并在中国教育史上占有重要的地位。中国古代私学教育产生于春秋时期，其中以孔子的私学规模最大、影响最深远。春秋战国时期，原有的社会秩序被打破，新的社会秩序尚未建立，社会急剧变化，教育也随着经济的发展、政治的动荡而发生了剧烈的

① 陈望衡. 中国古典美学史[M]. 南京：江苏人民出版社，2019：772.
② 顾德融，朱顺龙. 春秋史[M]. 上海：上海人民出版社，2019：602.
③ 赵德宇. 日本近世与近代文化史论[M]. 南京：江苏人民出版社，2019：327.

变化，由“学在官府”变为“学在四夷”，私学就是在这种历史条件下应运而生的①。在鲁国，孔子在都城曲阜杏坛讲学，号称三千弟子、七十贤，他依据因材施教原则，采用辩论和启发式教学，培养了大批掌握文化知识的经世致用之才，提出了一系列影响深远的教育思想，开中国历史民办教育之先河②。

秦朝建立后，采纳丞相李斯的建议，颁发“禁私学令”，否定民间教育的作用。秦王朝垮台后，禁私学的苛政自然失去约束力。济南伏生将私藏在墙壁中的《尚书》发掘出来，进行教学。西汉初年，儒家五经的教学十分活跃，在齐、鲁、燕、赵等地已形成具有声势和影响的各个学派。此外，道、法、刑名、方术都有私学。

汉武帝罢黜百家、独尊儒术，以今文经学为官学，但是并不禁止私学。中央官学只有太学，名额有限，选送有一定之规，地方官学未得到普遍发展，无法满足读书人的要求，于是经师宿儒讲学之风大为盛行。东汉时私学更加兴盛，不少大师名儒不愿卷入统治集团内部的斗争，或政治上不得志，则避世隐居，收徒讲学。到东汉末年，私学取得了压倒官学的地位，马融、郑玄等古文经学大师的私学学生多达千人以上。汉代私学在组织形式上可分为“蒙学和精舍”（精庐）两种。前者是小学程度的书馆、学馆，属启蒙教育；后者为专攻经学的经馆精舍、精庐等，属提高教育。

魏晋南北朝时期，官学衰颓，私学却呈现繁荣局面，名儒聚徒讲学仍占重要地位，学生人数上百人或计千人屡见不鲜。这个时期的私学教学内容突破了传统的儒学，包括玄学、佛学、道教，以及科学技术等。唐代私学遍布城乡，制度不一，程度悬殊，既有名士大儒，如颜师古、孔颖达在任官之前，均是私学教师，“以教授为业”“以教授为务”，一代名儒刘焯、国子学博士尹知章，归田

① 曾宪义，马小红．礼与法［M］．北京：中国人民大学出版社，2011：486.

② 葛荣晋．先秦两汉哲学论稿［M］．北京：中国人民大学出版社，2014：352.

后均在家乡教授生徒;另一方面,在广大农村,也有启蒙识字的私立小学。

唐代以后,宋元明清的私学教育,一方面是书院制度的产生和发展,成为私学的重要形式;另一方面,蒙学教育主要是私人设立的学塾、村学和蒙学。明清时期,私学有富家自办的坐馆(或教馆)、秀才举人们开办的家塾(或私塾)和同族同村公设的义学(或义塾)等三种形式。

(二)中国古代私学的教育内容

以孔子为代表的儒家重视教育,以六经为教科书。前面我们已经讲到了"五经"教育中渗透着国家意识培养,《礼记·经解》中,提到了《六经》中"乐"经的作用,记述孔子的话,"广博易良,乐教也。……乐之失,奢。……广博易良而不奢,则深於乐者也"。意思是说,对学习者进行"乐"经教育,可以增加他们广博的知识,促使其人品向善,勤俭不奢。因为那时的"乐"是"礼"的载体,学习者受到"乐"的熏陶,就会在礼乐制度中感受到国家的存在,王权的威严,等级秩序的现实性,进而培养起家国情怀。

汉代的私学初级阶段即蒙学教育,主要是识字教育,普及各种自然和社会知识;中级阶段诵读《论语》等经书,诵读作为一个独立的教育阶段逐渐分化出来①;高级阶段即专经研习教育,私学大师大都精通一经或多经,极大地促进了经学的传播。三个层次的教学不仅做到了有机结合,连为一体,成为一个完善的教育体系,而且是循序渐进地深化国家意识教育。

南北朝时期,周兴嗣编辑了《千字文》,颜之推编辑了《颜氏家训》,这些蒙学读物是家庭教育的代表作,历代传承,影响深远②。《千字文》编成于公元6世纪中叶,是我国出现最早的一篇启蒙读物。它通篇首尾连贯,音韵谐美,读起来朗朗上口,既是一篇四言长诗,也是一部袖珍的百科知识全书,既

① 李正庚.先秦至唐书法教育制度研究[M].荣宝斋出版社:美术学博士论丛,2019:309.

② 陈延斌.江苏家训史[M].江苏人民出版社:江苏文库,202007.313.

说到天文地理，又涉及生产生活，既告诫人们在家中应遵从的规矩，又告诉人们待人处事之道①。《千字文》用56个字讲述了上古时代的帝皇官员和尧舜禅让、天下垂手而治的传说，用120个字描述了古代帝都长安和洛阳的繁盛气象，用96个字记述了历史上名将开疆拓土、贤臣佐治天下的故事，这些都是在对受教育者进行国家意识教育。

北宋初年，《百家姓》是钱塘（杭州）的一名书生编撰的蒙学读物，将常见的姓氏编成四字一句的韵文，很像一首四言诗，读来顺口，易学好记。因此，《百家姓》与《千字文》《三字经》一起成为民间私学的蒙学读物②。蒙童读了《百家姓》，难免会问为什么赵姓排到第一位，教书先生就要解释是因为当时的皇帝姓赵；很容易想到的是，当教书先生讲到某一个姓氏时，自然会联系该姓氏在历史上出现的优秀人物，他们或者是帝王将相，或者是明臣贤吏，或者在科技发明方面做出了贡献，或者留下了名篇巨著。蒙童们由己及人，慢慢就有了家国意识。

南宋时期，王应麟为了更好地教育本族子弟编写了《三字经》，融会经史子集的三字歌诀，清道光年间贺兴思增补了关于元、明、清三代历史的内容③。《三字经》浅显易懂，取材典范，朗朗上口，六字一句，共236句，内容包括自然知识、社会知识、家庭伦理、中国传统典籍及其作者、中国历史等，背诵《三字经》能够掌握自然知识，了解名人故事、中国历史以及做人做事的道理。因此，它被奉为蒙学教育经典并流传下来。在《三字经》中，有四分之一内容直接讲述中国历史朝代的更替，突出宣扬了孝悌忠信的等伦理道德和四书五经等历史典籍，彰显了孔子孟子周公等先贤圣人的历史功绩，劝勉孩童要努力

---

① 劳秦汉．中国断代文化诗学[M]．成都：四川大学出版社：，2015：534．

② 朱万曙，徐正英．深进与超越[M]．北京：中国人民大学出版社：，2020：567．

③ 隗静秋．浙江出版史话[M]．杭州：浙江工商大学出版社，2013：302．

学习，发愤图强，遵守礼仪制度，成为对国家和社会有益的人。

清初著名学者、教育家李毓秀结合自己的教书实践，写成了《训蒙文》，后来经过贾有仁修订，改名《弟子规》①。它是依据孔子教诲编成的学童生活规范，其内容采用《论语》“学而篇”第六条：“弟子入则孝，出则悌，谨而信，泛爱众，而亲仁。行有余力，则以学文”的文义，以三字一句、两句一韵编撰而成。全文共360句、1080个字。核心思想是儒家的孝悌仁爱，一方面可以化民成俗，另一方面在维护当时社会的核心价值观和社会秩序上起着基础作用。

第二节　古代人才选拔中的国家认同

一、察举制度

西汉时期，文帝（前179年—前157年在位）下诏要求“举贤良方正能直言极谏者”，并且定下了“对策”（考试）和等第。汉武帝时，有关“察举制”的各种规定相继推出，制度逐步完备。其后，有了统一的选才标准和考试办法，考试是汉代察举制度的重要环节②。被推举者经考试后，由政府量才录用，这样既保证了选才标准能贯彻实行，选出真正的人才，还能保证竞争的相对公平，下层人士有了进入国家管理层的可能。

察举的科目可分为常科（岁科）与特科两大类。岁科有孝廉、茂才（秀才）、察廉（廉吏）、光禄四行；特科又分为常见特科和一般特科③。在上述科目中，以岁科为先，其中又以“孝廉”一科为最重要，特科中则以“贤良方正”

① 邵琪．智慧教育史论［D］．浙江大学，2019．

② 范忠信．官与民［M］．北京：中国人民大学出版社，2011：816．

③ 张晓政．察举与科举［J］．人才资源开发，2016（23）：67－68．

为最重要。在汉代察举常科中,“孝廉”是最重要的一科,亦得人最多,出了许多名人。“孝廉”之设,始于汉武帝元光元年(前134),武帝下诏,“初令郡国举孝廉各一人”。这表明,“孝廉”起初不是常科,不被重视,后来“孝廉”规定为岁举常科,才受重视,渐显重要。孝、廉有“孝子廉吏”的意思。“孝”是指孝敬父母;“廉”是指清廉勤政。这是古时对官吏的普遍要求。

汉代“孝廉”,大部分是通儒学的高官及富豪子弟。举“孝廉”之后,前程远大,升迁较快。“孝廉”出身的官吏,更被认为是“正途”“清流”,很被看重。起初举“孝廉”是以郡为单位,东汉和帝(89—105)时期改以人口多少为举荐基数,郡国人口不满十万三岁(年)举孝廉一人,不满二十万二岁举一人,二十万岁举一人,四十万岁举二人,上至百二十万岁举六人。

“贤良方正”始置于文帝二年(前178),目的是“纳天下言”,即广泛听取对国政的意见①。“贤良方正”即是品行高尚之人,此科的“举主”很广泛,包括中央和地方的高官,诸王侯、三公、将军、州牧、郡守等。被举者皆由汉文帝亲自主持对策,按等第授官,高者有为“九卿”者。自从汉武帝实行罢黜百家、独尊儒术以后,“文学”的涵盖范围实际指“经学”。这样看来,察举中常见特科“贤良文学”一科,所立的选才标准是品德与文才兼备,又有良好的经学底蕴。

汉代察举中的“明经”科,是最重要的特科之一。“明经”就是通晓经学。秦朝就有此科,到汉代地位开始突出。所谓“经”,原指先秦经典,自从汉武帝尊崇儒学,“经”就专指儒家经典了②。其实,察举各科都有经学内容,被举者也要熟习经学;把“明经”特立为一科,说明经学在汉代政治上地位之重要。

---

① 魏爽.自然灾害与汉代的官吏选拔模式——以察举制为中心考评[J].北方论丛,2015(1):86-90.

② 陈青之.中国教育史[M].北京:中国文史出版社,2016:752.

汉代的读书人无不自幼苦读经书,目的都是为了应举、入仕。汉代许多名臣,如孔安国、贡禹等都是明经科出身,韦贤、韦玄成父子皆以明经科入仕,先后位居宰相。可见经学在汉代察举制中地位之重要。

汉代治国是儒、法并用的,选官时既选拔通晓儒学的儒生,也选拔通晓律令的人才,因此设立"明法"一科,作为特科中的重要科目①。汉武帝时令举"四科人才",其中第三科即"明习法令,足以决疑",这是设"明法"科的开始。在此之前,汉初就开始招天下明法之士,辅佐以法治理国政,可见朝廷对律令的重视。由于通晓律令而以明法入仕、位至高官者,汉代不乏其人。如:郑宾位至"御史",陈咸、陈忠位至"尚书",吴雄位至"司徒"。郭射"家世掌法律",世代通晓律令,有七个人当上廷尉,即国家最高司法审判官。

在常科和特科中,孝廉、孝廉方正、至孝、敦厚等科以"德"为主;明法科以"文法"为主;尤异、治剧、勇猛知兵法、明阴阳灾异、有道等科以"才能"为主。无论哪种科目,都以"德行"为先,在学问上则以"儒学"为主;"德行"就是孝敬父母,和睦兄弟,忠于朝廷,积极为国家效力。汉代察举制度的导向就是保证文化人、有才能的人要胸怀国家,遵从社会秩序,勇于为国担当。用历史分析的眼光来看,察举制是在汉代集权制国家中产生的,为汉王朝选拔了一大批德才兼备的人才,有效充实和加强了中央和地方的封建统治机构,对当时社会政治、经济、文化的发展起了一定的推动作用。

二、科举制度

(一)文举

唐高祖武德四年(621)诏令"诸州学士及早有明经及秀才、俊士、进士,明于理体,为乡里所称者,委本县考试,州长重复,取其合格,每年十月随物入

---

① 干春松.制度化儒家及其解体[M].北京:中国人民大学出版社,2012:421.

贡”[1]，提出了“每年十月”赴朝廷应试的定期，明确了州、县地方预试，即相当于后世“乡试”的办法，而且不必像隋代那样必须官府举荐。武德五年(622)唐朝的诏书明确了士人可以“投碟自应”，下层寒士得不到举荐者“亦听自举”，自此正式确定了士人“自举”的制度，标志着以自应考试为特点的科举制度的诞生。

唐代科举考试每年春天在京师长安的尚书省举行，简称“省试”。唐前期，科举由尚书省吏部负责。玄宗开元年间，改由礼部负责，此后历朝相沿不变。礼部下设贡院，考试、阅卷、放榜等考务之事均在贡院举行[2]。唐朝科举放榜通常在每年的农历二月，录取者谓之及第或登科、登第、擢第等，第一名称为状元。

宋朝时，王安石任参知政事后，对科举考试的内容进行了变革，取消诗赋、帖经、墨义，专以经义、论、策取士[3]。所谓经义，与论相似，是篇短文，只限于用经书中的语句作题目，依据经书中的意思去发挥。王安石对考试内容的改革，在于引导读书人通经致用。

熙宁八年(1075)，宋神宗下令废除诗赋、贴经、墨义取士，颁发王安石的《三经新义》和论、策取士诏书，并把《易官义》《诗经》《书经》《周礼》《礼记》称为大经，《论语》《孟子》称为兼经，定为应考士子的必读书；规定进士考试为四场：一场考大经，二场考兼经，三场考论，最后一场考策，殿试仅考策，限千字以上。王安石的改革，遭到苏轼等人的反对。后来随着政治斗争的变化，《三经新义》被取消，有时考诗赋，有时考经义，有时兼而有之，变换不定[4]。

---

① 范忠信. 官与民[M]. 北京：中国人民大学出版社，2011：816.
② 金滢坤. 唐五代科举的世界[M]. 上海：复旦大学出版社，2014：356.
③ 陈植锷. 北宋文化史述论[M]. 北京：中华书局，2019：710.
④ 程继红. 义乌儒学研究[M]. 上海：上海人民出版社，2019：529.

明代开始，科举的考试内容陷入僵化，明太祖朱元璋创制“八股文”，对后世影响颇深①。八股文的作文题目都是从《四书》《五经》中选取摘录，文章的写作有严格的格式，文章的内容则需切中题旨，按照前人对经义的批注发挥。大部分读书人为应科考，皓首穷经，洗练八股文，思想渐被束缚，知识眼界、创造能力和独立思考精神被大大限制。清朝时期，在文学创作和实用技术方面有杰出成就的名家，多数都失意于科场②。

历代统治者对科举考试的内容屡有调整，但不论如何变化，一直到清代，《四书》《五经》仍是科举考试命题的主要来源。值得一提的是，清代考试时重《孝经》，雍正时期将《孝经》与《五经》并重，《孝经》以“孝”为核心，是儒家家庭伦理观念的体现。正如《论语・学而》中所说：“其为人也孝弟，而好犯上者，鲜矣；不好犯上，而好作乱者，未之有也。君子务本，本立而道生。孝弟也者，其为仁之本与！”这句话鲜明地表达了孝敬父母和忠于上级官员、忠于帝王的关系，在封建体制下，一个忠于上级官员、忠于帝王的官员才能维护现有制度，尽职尽责做好本职工作，为国家担当尽责。

关于考试内容四书五经对读书人国家意识的培养，已在前文进行了讲解，这里不再赘述，下面重点论述考试组织过程和实施过程对读书人国家意识形成的影响。

据清朝最后一榜探花商衍鎏老先生所著《清代科举考试述录》记录，童生考试每三年考试两次，分县试、府试、院试三级进行。县试由知县主持，府试由知府主持，院试由朝廷委派的各省学正（学政不受督抚节制，地位很高）巡回各府、州、县主持考试，考上者才能由学正决定取得生员资格。生员的录取情况是大府 20 名、大州县 15 名、中州县 12 名、小县 7 名或者 8 名。

---

① 吴作奎，郭薇，侯利萌，万昭，沈立群. 古代文体研究论稿[M]. 武汉：武汉大学出版社，2016：323.

② 李时人. 中国古代小说与文化论集[M]. 北京：中华书局，2013：537.

举人考试包括乡试和会试，乡试一般为三年一科，如果遇到皇帝登基、皇太后和皇帝生日或者战争凯旋等特殊情况，也会推出恩科乡试。乡试分两次进行，初试时每个省录取一百多名至几十名不等，试卷要全部押解京城备查。对考取的举人，在北京会试的时候，要提前进行复试，以防作假。对合格者准许参加会试，不合格者给予不同程度的惩罚。会试是由礼部主持的集中会考的举人进行考试，三年一次，共计三场，考题内容与乡试相同。通过会试的举人一般为三百名以内，录取者为贡士。对录取的贡士进行复试，不合格者处罚，考上者准许进行殿试①。

殿试由皇帝主持，考试内容为四道时务策题，考上者按成绩分列进士等级，其中一甲三名进行授官，第一名授翰林院脩撰，第二、三名授翰林院编修；之后，对已经录取的一甲以外其余进士进行考试朝考，录取者成为翰林院庶吉士，余下的授主事、中书、知县②。翰林庶吉士三年肄业后，毕业考试，考试为诗、赋、时文、论四题，按照考试成绩授予一定的官职。

从清朝的科举考试进行的各个环节，我们可以看出，从知县主持的童生县试，到皇帝亲自主持的进士殿试，读书人的每个阶段每个环节的考试，都是在国家主导下进行，其间他们奔走于县学府学和省城京师，在知县知府、朝廷委派的学正以至于皇帝本人的监督下，正襟危坐，研墨挥毫，按策应答，每个思考点都离不开国家意志，答题稍有偏离，必然名落孙山。实际上，不仅仅是清朝，自科举制度诞生后，历朝历代的科举考试都是在封建朝廷的主导下，由国家各级官府主持进行，国家意志对读书人的影响是显而易见的。

（二）武举

中国历史上的武举制度创始于武周，武则天于长安二年（702）开设“武

---

① 范忠信. 官与民[M]. 北京：中国人民大学出版社，2011：816.

② 李汉秋，井玉贵，叶楚炎.《儒林外史》与中华文化[M]. 南昌：百花洲文艺出版社，2015：390.

举”,选拔武艺高强的人为武将。武举由兵部主考,考试科目有远射、马射、步射、平射、筒射、马枪、摔跤、举重等。唐朝后期和五代十国时期,战火纷繁,天下不安,武举废弛①。

宋代开始,武举被纳入整个科举体系之中,武举不只考武艺高低,还考问策论兵书,比如孙子兵法、吴起兵法等,武举制度逐步走向规范②。元朝不行武举。武举的兴盛时期是明清两代。明朝武举创制甚早,但制度一直没有确定下来。直到成化十四年(1478),才根据太监王直的建议,武举参照文举考试程序进行,设了武科乡试和会试。

弘治六年(1493),定武科六年一试,后又改为三年一试。武举考察内容更改为“先之以谋略,次之以武艺”,把军事谋略置于军事技术之上,如果在答策的笔试中不及格,便不能参加武试③。初期的笔试考三题,试策两题,另一题论考四书,后来四书的题目改为默写武经。万历末年曾有过一次实行武举改革的议论,有朝臣主张设“将材武科”,初场试武艺,内容包括马步箭及枪、刀、剑、戟、拳搏、击刺等法;二场试营阵、地雷、火药、战车等项;三场各就其兵法、天文、地理所熟悉者言之。显然易见,这是一个具有远见卓识的提议,可惜并没有引起朝廷重视。

清代大力提倡武举,制度日益严密,录取相对公正。因此,民间习武者对武举考试趋之若鹜④。清代的武举制度基本沿袭明末的考试程序和办法等。清代武举亦依文榜程序,考试大致分四个等级进行。童试在县、府进行,考中者为武秀才。乡试在省城进行,考中者为武举人。会试在京城进行,考中者为武进士。会试后已取得武进士资格者,再通过殿试(也称廷试)分出等次,

① 陈学海,王丹,陈珊. 中华武术之路[M]. 北京:新华出版社,2014:374.
② 武兵. 风云起落武举制[J]. 少林与太极,2016(8):4-7.
③ 范忠信. 官与民[M]. 北京:中国人民大学出版社,2011:816.
④ 陈学海,王丹,陈珊. 中华武术之路[M]. 北京:新华出版社,2014:374.

共分三等，称为“三甲”。前三名是一甲，世称为“鼎甲”，获“赐武进士及第”资格；二甲十多名，获“赐武进士出身”资格；二甲以下的都属三甲，获“赐同武进士出身”资格。

殿试的规格很高，一般由皇帝亲自主考。考试揭晓后，在太和殿唱名，西长安门外挂榜，并赐给武状元盔甲。张榜第二天，在兵部举行盛大的“会试宴”，又赏给武状元盔甲、腰刀等，赏给众进士银两等①。殿试以后，通常立即由兵部授予官职。

顺治三年(1646)丙戌科是清朝武举第一科，当时规定武状元授正三品的参将，武榜眼授从三品的游击，武探花授正四品的都司。二甲授正五品的守备，三甲授从五品的署守备。康熙年间又有变动，改为一半授营职，就是直接带兵的官，另一半授卫职，是皇帝的宫廷侍卫。雍正五年(1727)规定，武状元授御前一等侍卫，武榜眼、探花授二等侍卫，再从二甲中选头十名，授三等侍卫。其余全在兵部注册授予守备等营职。雍正以后各朝武进士的授官情况还有一些变化，不过所授品阶基本上以康熙朝定制为准，没有太大的变更②。

清朝时的武举除了考试武功，还需考试相当于文化课的“内场”。对于大部分习武之人，“内场”考试比外场考试更难应付，因此，考试办法屡有变动③。最初是考策、论文章，“策”相当于问答题，“论”是按试题写一篇议论文。顺治时定为策二篇、论二篇，题目选自四书和兵书。康熙年间改为策一篇、论二篇。策题出自《孙子》《吴子》《司马法》三部兵书，论题只从《论语》《孟子》中出，考试难度有所降低。乾隆时，又改为策一题，论一题，题目都选自《武经七书》。

---

① 曹青军，曹司雨．唐朝武举制度及其影响[J]．体育文化导刊，2010(9)：146－149.
② 曾宪义，马小红．礼与法[M]．北京：中国人民大学出版社，2011：486.
③ 朱君．京师武术文化研究[D]．上海体育学院，2017.

到嘉庆年间，考虑到武人多不能文，所考策、论多不合格，而不少外场成绩突出者又往往败于内场，于是干脆废除策、论，改为按要求默写《武经七书》中一段，通常只一百字左右①。这样一味迁就，使内场考试的水平越来越低，最后差不多只是形式上的存在了。文武分途的考试制度培养了大批专门人才，却很难造就出能文能武的通才，应该说这是科举制度的弊端之一，也是清朝中后期政坛上出将入相人才日见匮乏的原因之一。清朝只设武举而无武学，可以说为近代中国军事落后埋下了祸根。

从武则天于长安二年（702）开设“武举”到清光绪二十七年（1901）彻底废除武举，武举制度在中国存续了1200年②。其间，唐朝武举仅比试武功，功夫高强者即可以胜出。无论哪一朝代，武举们场外考试时，都是官员监场，举子们在考官们监督下，弯弓射箭，骑马飞奔，四周龙旗招展，擂鼓助阵，应考者体会到的是秩序和威严。自宋代以后，武举选拔有了文场考试，考试孙子兵法、吴起兵法等兵法内容和军事谋略。兵法是探讨和总结战争规律的学问，其产生与春秋战国时期国家争霸的形式密不可分，其发展也随着国家间军事斗争的进展而发展，武举们读兵法，时刻想到的是国家形势和国家利益。明清时期，武举论题考试中有了四书五经的内容，它们对应试者国家意识培养的作用前面已有述及，此处不再赘言。

对于武试中举者，封建朝廷会对他们授予一定的官职。无论他们成为朝廷侍卫，还是带兵作战的军事长官，手按宝刀，身跨坐骑，代表的都是国家意志，国家意志对于其影响是深刻巨大和终其一生的。

---

① 马明达.清代的武举制度[J].西北第二民族学院学报（哲学社会科学版），1999(4):57－61.

② 陈学海，王丹，陈珊.中华武术之路[M].北京:新华出版社，2014:374.

第三章 国家认同教育的国际比较研究

国家认同是民族国家通过政治与文化的动员来建构共同意义的过程。国家认同感的形成固然受到多种因素的制约,但教育是一个非常重要的途径。国家认同教育是爱国主义教育的基础。人们只有确认了自己的国民身份,了解了自己与国家存在的密切联系,构建对国家的归属感,才会关心国家利益,才会对国家负起应有之责。此章节梳理了中国及其他五国开展国家认同相关教育的现状。

第一节 中国的国家认同教育

青少年是爱国主义教育的重点群体,任何时候爱国主义教育都应面向全体人民、聚焦青少年。开展好大中小学爱国主义教育,厚植学生的爱国情怀,高扬爱国主义旗帜,是贯彻落实《新时代爱国主义教育实施纲要》(以下简称《纲要》),培养担当民族复兴大任时代新人的迫切需要。

（一）课程设置

爱国主义是凝聚民族精神、动员和鼓舞全国人民团结奋斗的一面最鲜艳的旗帜。2019 年中共中央、国务院印发了《新时代爱国主义教育实施纲要》（以下简称为《纲要》）指出，爱国主义是中华民族的民族心、民族魂，是中华民族最重要的精神财富，是维护民族独立和民族尊严的强大精神动力。新时代加强爱国主义教育，对于振奋民族精神、凝聚全民族力量，决胜全面建成小康社会，夺取新时代中国特色社会主义伟大胜利，实现中华民族伟大复兴的中国梦，具有重大而深远的意义，国家认同教育是爱国主义教育的基础和前提。

开设爱国主义教育课程理念上要以习近平新时代中国特色社会主义思想为根本遵循，以提升道德素质和厚植爱国情怀为落脚点，以政治认同，国家观念，法治意识，文化自信，道德修养为重点，将品德教育和爱国主义精神贯穿学校教育整个过程。在中小学，将品德教育和爱国主义教育融入语文、道德与法治、历史等学科教材编写和教育教学，同时还要在增强课程吸引力，感染力上下功夫，创新教育形式，丰富优化课程资源，鼓励开发微课、微视频等教育资源和在线课程，开发体现优秀品德和爱国主义教育要求的音乐、美术、书法、舞蹈、戏剧等校本课程。大学生提倡全员育人，全程育人，在大学的教育过程中，不仅开设有思想政治理论课程，还在专业课程的开设过程中融入与爱国主义、国家认同相关的知识内容，即为课程思政①。

（二）开展丰富多彩的实践活动

《纲要》中明确指出大中小学的党组织、共青团、少先队、学生会、学生社团等，要把爱国主义内容融入党日团日、主题班会、班队会以及各类主题教育

① 崔晓丹. 大学生思想政治教育主渠道与主阵地协同研究[D]. 北京科技大学,2021.

活动之中。广泛开展文明校园创建，强化校训校歌校史的爱国主义教育功能，组织开展丰富多彩的校园文化活动。组织大中小学生参观纪念馆、展览馆、博物馆、烈士纪念设施，参加军事训练、冬令营夏令营、文化科技卫生“三下乡”、学雷锋志愿服务、创新创业、公益活动等，更好地了解国情民情，强化责任担当。密切与城市社区、农村、企业、部队、社会机构等的联系，丰富拓展爱国主义教育校外实践领域。

1. 多平台宣传抗战精神，拓宽大学生国家认同教育渠道

教育平台宣传抗战精神体现了对中华民族爱国主义传统的继承与发扬，是民族精神在抗日战争时期的具体体现。新时期抗战精神的宣传，离不开多元化的爱国主义教育平台，通过多渠道的方式，如微信、微博、论坛等形式宣传抗战时期的典型英雄事迹并形成互动效应，帮助学生了解相关的历史，增强大学生的国民意识、培养大学生的爱国情操、坚定大学生的爱国信念①。只有不断弘扬抗战精神的时代价值，将其融入大学生爱国主义教育实践之中，才能最大限度地实现抗战精神与爱国主义教育的有机结合，从而拓宽大学生爱国主义教育的渠道。

2. 构建抗战精神的校园文化

校园文化是保障教育教学活动顺利实施的精神文化氛围，对大学生的精神教育起到非常重要的作用。将抗战精神融入校园文化建设，将抗战历史事件与革命先烈感人事迹通过开设人文讲座、论坛等方式，丰富大学生的红色文化教育②。中华民族精神是爱国主义精神的源泉，爱国主义精神、革命精神是中华民族精神的具体体现。爱国主义是中华民族精神的核心。革命精神

---

① 陈寿弘．“三全育人”的自洽性及其实现[J]．齐齐哈尔大学学报（哲学社会科学版），2020（12）：151－155．

② 苏美玲，刘韵清．抗战精神融入大学生爱国主义教育的路径探析[J]．黑龙江教育（高教研究与评估），2016（7）：90－92．

是中华民族精神、爱国主义精神的继承和发展。

(三)丰富新时代国家认同教育的实践载体

1. 传统文化融入课堂教学内容

中华民族优秀的传统文化其核心思想在于中国人民以及各民族数千年来通过悠久的历史培育而建立起来的基本思想理念,通过这些思想理念能够促进国家的发展,使人们从中汲取精神养分①。同时,传承与发扬我国的优秀传统文化是每一位中国人的责任,是促进社会进步的重要内容。

目前国内学者研究较多的是传统文化通过语文教育来发挥其爱国主义教育的重要使命。小学语文教学不仅是学习汉字和传统文化知识,还要教会学生基本的做人原则和生活习惯,培养学生的道德观、价值观和人文素养②。《小学语文课程标准》中明确指出,在语文学习过程中,要培养爱国主义感情、社会主义道德品质,逐步形成积极的人生态度和正确的价值观,提高文化品位和审美情趣,认识中华文化的丰厚博大,吸收民族文化智慧。

2. 中国梦融入国家认同教育

中国共产党第十八次全国代表大会上,习近平总书记把"中国梦"定义为"实现中华民族伟大复兴,就是中华民族近代以来最伟大梦想",并且表示这个梦"一定能实现"。"中国梦"的核心目标也可以概括为"两个一百年"的奋斗目标,也就是到2021年中国共产党成立100周年和2049年中华人民共和国成立100周年时,逐步并最终顺利实现中华民族的伟大复兴,具体表现是国家富强、民族振兴、人民幸福,实现途径是走中国特色的社会主义道路,坚持中国特色社会主义理论体系,弘扬民族精神,凝聚中国力量,实施手段是政

① 戴木才. 论坚定社会主义核心价值观自信[J]. 马克思主义研究,2018(8):72-80+160.

② 崔峦. 回顾·总结·展望——人民教育出版社五十年小学语文教材编写历程[J]. 课程. 教材. 教法,2010,30(1):49-59.

治、经济、文化、社会、生态文明五位一体建设。

中国梦丰富了国家认同的教育内容，是国家认同教育的新内容。中国梦要把中国建成富强民主文明和谐的社会主义现代化国家。国情教育是国家认同教育的主要内容。国情教育的实施需要放在时代发展的大背景下来进行，通过系统地梳理世界和我国的经济、政治、军事、外交等方面的历史与现状，了解我国建设的目标和宏伟前景，增进对所生、所居的中国的全面了解，提高对中国和世界发展的正确认知，树立牢固的社会主义价值观，增加对中国的忠诚度①。

3. 革命精神融入爱国主义教育

习近平总书记指出，抗战精神主要表现在"天下兴亡、匹夫有责的爱国情怀，视死如归、宁死不屈的民族气节，不畏强暴、血战到底的英雄气概，百折不挠、坚忍不拔的必胜信念"。抗战精神是抗日战争时期中国人民争取国家独立、民族解放经验的科学总结，也是近代以来我国革命、改革和建设过程中实现国家富强的精神动力，具有丰富的科学内涵和时代意蕴。中国革命精神是马克思主义与中国革命实践相结合的历史产物，其科学内涵对学生的爱国主义教育具有重要的指导意义。

(1)发挥资源优势，提高育人功效

几十年血雨腥风的革命斗争，现在许多地方都还保留着革命老区，各种纪念碑、纪念馆等历史遗迹，还有许许多多老一辈无产阶级革命家兴国奋斗的足迹，革命前辈奋斗的遗迹，都是当前加强未成年人思想道德建设的最丰富、最有力、最鲜活的教育资源。在具体的实施过程中，一是通过各种纪念活动组织未成年人到各种纪念场馆、革命旧址接受教育，让他们了解历史，了解

---

① 周作宇. 教育改革的逻辑：主体意图与行动路线[J]. 北京师范大学学报（社会科学版），2020(1)：5－29.

过去,了解老一辈无产阶级革命家是如何面对牺牲和面对困难的。从而让他们的心灵受到震撼,灵魂得到净化,思想得到升华。

(2)深入挖掘抗战精神内涵,丰富大学生爱国主义教育内容

抗战精神是抗日战争时期中国军民在长期的革命斗争和社会实践过程中形成,是中国人民爱国主义情怀的集中表现。一方面,它是马克思主义与中国革命实践相结合的产物;另一方面,它也是阶段性革命传统与长期性民族精神的高度统一。要深入挖掘和提炼抗战精神的时代内涵,以不断丰富大学生爱国主义教育内容。

(四)开展民族团结教育

纵观古今中外,任何一个多民族国家要实现真正的长治久安就必须要进行国家认同教育,我国历来就是典型的统一的多民族国家,而多民族国家进行国家认同教育的另外一个重要抓手就是要做好少数民族学生和民族地区学生的国家认同教育①。自新中国成立以来,执行的民族政策是平等、尊重,我国少数民族成员历来在学校教育、升学考试(如,高考)、生活补助等方面享有一些特定的优惠政策②。

党和政府历来注重开展民族团结教育工作,教育部决定从2005年起在全国范围内启动中小学民族团结教育课程。“祖国统一是各族人民的最高利益,民族团结是祖国统一的重要保障”,民族团结教育始终是中小学德育教育的重要内容和恒常旋律。了解中国是统一的多民族国家,了解我国的民族政策,尊重各民族的风俗习惯和语言文字,知道民族平等、民族团结和各民族共同繁荣是我国处理民族关系的基本原则,反对民族分裂,增强维护民族团结

① 石亚洲,张方译. 多民族国家建构国家认同的关键维度与政策路径[J]. 中央民族大学学报(哲学社会科学版),2019,46(4):16-26.

② 李浩,黎弘毅. 贵州教育改革开放40年研究[J]. 贵州民族大学学报(哲学社会科学版),2019(5):99-208.

的自觉性①。

梳理当前学校所开设的民族团结教育课程，课程目标为各民族中小学学生对我国56个民族的历史、文化、宗教、风俗习惯等有初步的了解；对马克思主义关于民族、宗教问题的基本理论和党的民族、宗教政策有一定的认识和理解。为在社会交往中，正确贯彻党的民族、宗教政策打下较好的思想基础，具备正确对待和处理涉及民族、宗教问题的基本素质，提高增强民族团结、维护中国的统一②。课程性质为德育课程。小学《民族常识》活动课，帮助学生了解和学习我国各民族的基本状况；初中阶段开设《民族政策常识》课，学习我国的民族、宗教政策，在思想和行为上具备正确贯彻党的民族、宗教政策的基本素质。

第二节　美国的国家认同教育

国家认同教育本质上是一种价值观教育，各个国家在国家认同教育目标、内容设定、教育载体运用等诸多方面均具有一定的同质性。在全球化、信息化、文化多元化以及后现代主义等多种因素裹挟下，民族国家的国家认同面临消解、分化和解构的风险，国家认同教育问题也成为世界各国共同面临的教育命题③。在全球视野下，如何立足本国，吸收和借鉴其他国家或地区国家认同建构的有益经验和教训，也是现代民族国家国家认同建设的一条重要路径。美国是个典型的移民国家，国民来自世界各地，族群构成成分复杂且繁多，对其国民进

---

① 曹爱军．中华民族共同体视野中的“各民族交往交流交融”研究[J]．广西民族研究，2019(3):1－9.

② 卢贵子．中小学德育课程开展民族团结教育的意义[J]．黑龙江民族丛刊，2007(4):185－188.

③ 张利国，郭立强．美国国家认同教育发展趋势与启示[J]．现代大学教育，2020(2):78－86.

行国家认同教育是个不可避免且非常重要的工作，美国之所以在“二战”后能够成为超级大国，与其长期进行的国民教育是密不可分的①。

一、美国国家认同教育的历史

美国的国家认同教育经历了盎格鲁同化、熔炉和多元主义时代。盎格鲁同化被定义为英国殖民者所建立并延续下来的美国价值观、规范和标准。盎格鲁同化是英国文化和欧洲文明的延续，主张每个人都应该遵守盎格鲁创立者所制定并修改的价值观、规范和标准。盎格鲁文化要求移民停止使用本民族语言并尽快使用英语，而且要求放弃自己的民族文化、风俗，采用统一的“美国化”的方式。盎格鲁同化主义对白人来讲具有天然优势，但是，有色人种被剥夺了语言和文化，感到挫败和愤怒，他们学习白人的语言和行为方式，却不能摆脱肤色的劣势。

第二个阶段是熔炉，随着大量移民的涌入，开创了熔炉时代，指的是来到美国的移民，无须放弃他们的种族、民族文化差异而融入主流文化，形成一种美国化的认同，这种认同是由所有移民带到美国的文化和风俗所构成的。伊斯雷尔·赞格威尔在他轰动的话剧《熔炉》中建立了这一吸引人且流传广泛的有关美国梦想的比喻。不再将个体的种族、血缘、肤色、文化、宗教等视为必要的前提性条件，而是承认个体之间的差异性，并将考察和培育的重点转向个体对于总体层次民族的认同，即对美利坚民族的信服。

第三个阶段是多元文化主义阶段。多元主义支持在一国疆界之内多样文化以相互支持的关系而共同存在，宣扬民族文化差异对美国民族生活至关重要，人民应该有权保护他们的文化遗传，有权保留自己的文化而不去服从强势文化。多元文化认为文化的多样性不是一个要克服的难题，而是一个社

---

① 王建华. 马克思主义视阈下的美国民族理论与政策评析[D]. 中央民族大学,2011.

会的良好特征，多元文化主义倡导除认同美国身份外，还要认同自身民族的文化遗产。

二、美国国民教育的主要内容

1. 美国的爱国主义精神

爱国主义教育是每个国家国民教育的重要课题，在美国的教育史上，爱国主义是一个永恒的主题。宣传和培养美国精神是美国国家认同教育的主要内容。作为一个移民国家，美国非常重视运用各种宣传手段向青年一代灌输美利坚民族精神，不断激励美国人的民族自豪感、对国家的忠诚感，使美国人富有很强的民族自尊心和民族自豪感。美国政府对宣传和培养美国精神非常重视。

2. 美国的核心价值观教育

政治制度及其价值观如同血液一样，维系着美国社会体制。任何社会为了生存下去都必须成功地向社会成员灌输适合维持其制度的思想。“9·11”事件发生后，美国国内一度出现了国家认同危机，美国政府为了强化国家认同，采取了一系列措施加强核心价值观教育。

在美国高校中，从专业必修课到通识选修课，门类繁多的课程都会结合自身特点渗透美国的核心价值观，潜移默化地影响学生的价值观。以哈佛大学为例，该校开设了涵盖外国文化、历史学、文学与艺术、道德思辨、自然科学和社会分析六个领域十大门类的核心课程，其中道德思辨的课程体系包括“民主与平等，公正，自我、自由与存在，政治、道德与法律上的公共与私有，现代主义与极端主义，有神论与道德推理等”，该课程基本包括了美国核心价值观的所有内容。

3. 重视历史教育

美国是一个年轻的移民国家，在短短二百多年的发展历程中，取得了举世瞩目的经济和科技成就,这是美国人最为自豪的资本,也是美国人产生优越感的根本原因,更是美国学校对青少年进行国家认同教育的绝好材料。美国的一些媒体也在不断宣传,美国是一个伟大、强盛、民主、自由的国家,做一个美国公民是幸福的,是值得骄傲和自豪的。美国中学的“社会研究”课程,就宣扬美国的责任就是领导世界,鼓励青少年为保持美国在世界上的强大地位、维护世界和平和世界秩序而努力。美国系统完善、无孔不入的成就教育,令美国人普遍具有很强的自豪感。

正因为美国历史短暂,为了弥补国人的失落感和消除因文化浅薄而产生的自卑感,美国人十分珍视自己短暂的历史,将其作为国家认同教育的宝贵遗产,并以法律形式规定各级各类学校都必须开设美国历史课程。通过开展历史教育,一方面增强了学生对本国历史的了解;另一方面增强了学生作为美国国民的自豪感,并进一步坚定了他们对资本主义制度优越性的信念。美国历来的教育家、历史学家和政治学家都倡导把美国历史的教学作为维系整个国家和民族命运与前途的纽带。美国历史,既是美国统治者的奋斗史,也是资产阶级的发展史。

4. 多路径开展国家认同教育

政府高度重视国家认同教育,美国是较早开展公民教育且取得成功的国家。学校教育高度重视国家认同,为了培养年轻人成为合格的美国公民,美国初中特别开设了社会学科,高中主要开设了地理、美国史、当代社会问题研究、政治学、法律、哲学、心理学、综合人文研究课程或高级研讨课程来加强国家认同教育。除此之外,还开设了社会学、经济学与国防研究等选修课。这些课程的开设主要是为了让学生了解美国的历史、文化、地理、美国政治制度的优越性、美国在全球的地位等,从而增强学生对美国政治、文化的认同。政治、文化的认同。信仰是一个民族、一个国家的灵魂和脊梁,也是一个国家政治制度形成和发展的基础和动力。重视宗教教育，既是西方资本主义国家的传统，也是西方资本主义国家维护意识形态的重要举措。

5. 重视历史人物的教育作用

英雄人物符号承载着一个国家的历史记忆。通过文化宣传教育，这些英雄人物的形象和事迹被广为传播，深深扎根在每个民众的头脑中。对这些特定人物符号的记忆，不断地确证、强化着国民的爱国主义热情，历史人物为大众提供了榜样，对历史人物的追忆，不仅在于追述事实，而在于传达价值和意义，历史人物作为一种精神符号得到了传承。历史人物所取得的成就能为所隶属的文化共同体赋予荣光，从而使得共同体成员获得一种民族自豪感。

英雄人物不是一个普通的个体，而是一个具有代表性的、典型的个体。英雄人物是共同体形象浓缩而成的精华，是集体形象的投射产物。英雄成为共同体成员的标杆，鼓舞着共同体成员的效仿。英雄在现实中起到榜样的作用，每个共同体的成员在形塑自我意识时，可从英雄人物身上汲取营养元素和文化基因。

第三节　英国的国家认同教育

英国是最早建立资本主义制度的，也是世界上第一个完成工业革命的国家。英国对教育尤其是国家认同教育非常重视。英国国家认同教育的核心是公民意识的培养，即公民对自己在国家政治和法律生活中地位的认识，在情感上对于所属的国家和特定社群的认可，在认知上对其公民角色的理解。

一、核心价值观教育

英国教育大臣艾伦·约翰逊(Alan Johnson)认为，在英国这样一个种族、民族、信仰多元化的国家，学生对英国传统价值观的继承、对不同文化的理解和尊重是十分重要的；而加强学校核心英国传统价值观的继承，对不同文化的理解和尊重是十分重要的，而加强学校核心价值观教育，使每一个学生能够对种族、信仰多元化有着更深刻的认知，并学会如何正确面对和处理种族分歧问题。

英国的国家认同教育，使得学生对英国传统文化遗产有着良好的掌握，认识英国公民权利和义务的历史发展过程，培养民族意识、训练公民思维遗迹树立认同感，获得并承担有关社会责任和公民权利、义务等。

2007 年 1 月，英国教育与技能部特别发布了《课程检视：多样性与公民权利和义务》白皮书，强调公民教育要融入国民教育体系，尤其要加强渗透式教学，把公民教育内容渗透各学科中。除了在历史、地理、英语等课程中渗透公民教育外，还要求在数学、科学等课程中渗透相关内容。比如数学和信息技术可以在选举制度、判断选票和技巧方面充分发挥作用；科学和技术教育可以在某些方面加强公民对有关社会政策中的民族事务的理解；宗教教育可以培养公民的道德意识和社会意识。

二、英国传统文化教育

英国崇尚传统文化，英国的中小学教育中，传统文化教育占有比较重要的地位，英国教育不仅希望通过传统文化的教育，使得文化能够得到继承和创新，更希望其可以促进学生在精神、道德及文化方面的发展①。

英国教育重视通过学科教学来传承文化。在中小学课程中，历史、文学、艺术、喜剧等科目都是进行传统文化教育的载体，而且还特别注重利用社会文化遗产，来进行传统文化教育。

---

① 王璐，尤铮. 英国传统文化教育研究[J]. 比较教育研究，2014，36(6)：18－22＋52.

三、历史教育

英国是一个具有古老文化和传统的国家。与其他国家一样，英国也曾把历史课当成“社会科学”中的一门课程，主要目标在于培养学生“对于英国传统文化遗产有良好的掌握”“培养道德”“培养民族意识”等。对于历史学科是否与其他社会学科综合设置的问题，曾经在英国教育界和史学界展开激烈的争论，最终结果是历史学科课程的地位得到了巩固和明确，历史课被视为中学的核心课程。

历史教学“使学生了解自己的家庭和所属的群体、社区、国家、机构、信念、价值观、习俗等事物的由来和经历”“了解自己的文化根基和共享的遗产”以及“当今世界其他国家和文化”，并提出了历史教学要“为学生的成年生活做准备”。① 历史可以帮助学生养成公民素质、合理利用闲暇、正确对待工作。

注重殖民与联邦史教育。在英国历史教学的教学目标中包括了“树立认同感”的内容。英国历史教育尤为注重殖民与联邦史教育，英国史特别是政治、宪法和文化方面的遗产是历史学习的重点，通过本国历史的教学，增强学生的国家认同和民族自豪感。尽管初高中历史联用的历史教科书只有一册，其侧重点仍然是英国的历史发展进程。“国家课程规定历史教学的目的是培养学生的批判性思维能力，重视历史证据，了解不同观点和发展判断的不同视角，特别提出要知晓英国的过去和英国现在及发展。”②

四、注重宗教教育

历史上，宗教教育在英国整个教育体系中占有核心地位，今天英国的教

① 许明. 英国中小学历史教学简述[J]. 课程. 教材. 教法，1996(1)：53－56.

② 李稚勇. 论英国中学历史课的史料教学[J]. 教育科学研究，2010(1)：69－74.

育仍然可以看到宗教教育的痕迹。但随着社会的进步,英国现代宗教教育的核心及形式都已经发生改变。现代英国的宗教教育更多突出尊重人、关注人和爱护人的主题,在公民教育、意识形态素质以及现代与传统的连接上发挥着不可替代的作用。

英国的青少年爱国主义教育形式多样,但多采用间接的、能对人的思想层次产生暗示的教育手段,提出了"在英格兰人尽其责"的口号,这种口号对于身份认同和责任意识的形成都具有非常重要的作用。

第四节　德国的国家认同教育

德国对于世界教育的发展有着不可磨灭的贡献。不管是在教育思想还是制度方面,德国都对世界各国产生过很大影响。德国的教育体制主要是从中古世纪以后开始发展,起初受教权只属于贵族以及神职人员,随后才逐渐普及至普通公民。普鲁士王国是世界上最早设立国民教育系统的国家之一。

19 世纪中叶前,德国长期处于分裂状态,直到第二帝国的建立,德意志才结束长达九百多年的分裂状态。从此,德国作为一个统一的近代民族国家在欧洲崛起。长期的国家分裂使得德国民众和知识精英们都渴望国家统一,更注重激发德国的国家主义精神。德国在普鲁士复兴时期,就建立了以爱国主义为核心的民族精神传统,这种传统在各个不同历史时期不断得到加强。二战后,德国被分为民主德国和联邦德国。1990 年,民主德国和联邦德国的国体和政体重新统一。民主德国全面采用联邦德国的政治制度。

一、注重政治教育

德国的国家认同教育与政治关系密切。国家认同教育在德国教育体系中占据着重要位置。各政党通过各种方式进行政治教育，培养人们在政治上的热情与政治参与意识，宣传自己的政治主张、价值观念，以求得民众的认同与支持，培养民族精神。“二战”后，德国的爱国主义教育经历了一个漫长的反思过程。

一个民主的社会需要有在政治上受过教育的公民。民主国家依靠公民对国家的贡献。德国学校公民教育特别强调公民对国家的责任和义务。德国学校政治教育的根本目标和任务旨在唤起学生对政治的兴趣，通过向学生传授关于政治的基本知识，使其在对政治体制、结构功能及其内在联系有所了解的基础上，增强学生对政治基本概念和范畴的理解，培养学生独立的政治分析能力，提高学生的认同和参与能力，并使他们最终成长为政治制度所要求的成熟公民。

二、强调民族精神

民族精神是一个民族内存文化本质特征，民族精神作为民族性的集中表现，凸显一个民族共有的心理素质和精神品质，它渗透在民族的整个机体中，贯穿在民族的全部历史长河中，是民族凝聚力的源泉，是一个民族生存、发展和进步的原动力和支撑力。

德国国家认同教育注重培养民族精神。德国学校尤其重视德国史、德国地理等课程的教学，强调民族优良文化传统，强调德国民族英雄的高尚气质及著名科学家在国际上的贡献①，引导学生继承民族文化传统，发扬民族精神，树立民族自尊心、自信心及自豪感，发扬爱国主义思想。

三、关注宪法精神

培养公民的爱国主义情操需要持续地开展政治教育，因为爱国情感建立

---

① 张婧.浅谈当代德国中学的思想道德教育[J].外国中小学教育，2000(4)：16－18.

在公民对国家历史、国情和政体的了解和正确认识基础上，爱国需要公民对宪法绝对忠诚。在德国政治教育中，宪法教育是一项重要的内容。当代德国政治教育以德国宪法的基本价值为核心，将培养青少年形成民主、平等、自由等价值观念，认同民主政治作为目标①，贯彻在社会生活的各个方面，极大地夯实了德国资产阶级政治体系的"合法性"基础。

四、强调历史教育

德国历来就非常重视历史教育。统一后，"二战"历史和纳粹历史一直是公民教育不可或缺的组成部分。纳粹历史尤其是大屠杀的历史成为德国中学历史课的重点内容。德国教育法规定，德国历史教科书必须包含足够分量的纳粹时期的历史内容。德国的主要政党及政府为防止新法西斯组织的活动和战争悲剧重演，尤为重视对公民特别是青少年进行多种形式的历史教育，进行历史教育最主要的目的是教育下一代，防止历史悲剧重演②。

教育部门还多次修订历史教科书，将希特勒的法西斯暴行列为学校历史教科书的中心内容。在德国，中小学广泛开设历史课，一方面通过对德意志民族历史的传授来弘扬爱国主义和民族精神；另一方面帮助学生正确认识纳粹统治，树立正确的"二战"史观，坚决抵制国家社会主义的政治学说。

进入信息时代后，媒体在教育中的作用日益凸显。自 20 世纪 90 年代以来，除在中学课堂上普及历史教育之外，德国政府还注重通过各种媒介使反思教育深入普通民众的日常生活中。

---

① 孙东方，傅安洲. 二战后德国政治教育在政治文化变迁中的作用分析[J]. 比较教育研究，2007(1):27-31.

② 岳伟. 联邦德国中小学的纳粹历史教育研究[J]. 廊坊师范学院学报(社会科学版)，2015，31(2)：63-68.

第五节 俄罗斯的国家认同教育

俄罗斯是世界上民族和宗教关系最为复杂的一个国家,其国家认同面临的首要和重要任务是构建统一的“国家民族”,增强国民的国家认同感和归属感,同时,又要满足国内各个族群的发展需要,承认和保护民族认同。

一、国家认同教育的历史梳理

俄罗斯的爱国主义教育与俄罗斯同龄。苏联时期的爱国主义教育尤其引人注目。但是,苏联解体后,随着政治与经济体制的剧烈转型,曾经起主导的意识形态被彻底摧毁之后,俄罗斯的政治制度转轨,学校一度忽视了爱国主义教育,导致年青一代对自己国家、民族的历史不够了解①。俄罗斯政府从苏联解体后一度忽视爱国主义教育的教训中认识到必须重视对青少年的爱国主义教育。新世纪初,俄罗斯开始加强对年轻人的爱国主义教育,制定俄罗斯公民爱国主义教育纲领②。

俄罗斯将爱国主义定义为:尊重国家的传统和价值观、热爱祖国、忠于祖国、努力为国家利益服务、时刻准备保卫祖国,在必要时不惜为国家献出生命③。俄罗斯政府制定了一系列相关的政策。如1994年,由国防部会同总统青年工作委员会、教育部、内务部、商业部、监察部、东正教会等机构联合出台了《对青年进行爱国主义教育大纲》,大力提倡和宣传爱国主义精神,完善爱

---

① 王春英.转型中的俄罗斯思想道德教育管窥[J].黑龙江社会科学,2006(5):58-61.

② 马文琴.普京执政以来俄罗斯的爱国主义教育政策与实践[J].思想理论教育导刊,2017(2):57-61.

③ 普京,彭晓宇,韩云凤.变革中的世界与俄罗斯:挑战与选择(下)[J].当代世界与社会主义,2012(03):103-122.

国主义教育的法律规范，修订或设立国家安全法、青年法、各机关及社会组织活动法，确立爱国主义教育的法律地位，明确各部门、各组织在爱国主义教育活动中的任务、职责、地位和作用等。

为了加强对青少年的爱国主义教育，俄罗斯2001年公布了《2001至2005年俄联邦爱国主义教育国家纲要》（以下简称《纲要》）。据此，国防部、文化部、教育部等12个部门负责落实这一纲要，编写了一些教材，承办全国性活动。2004年10月，俄罗斯又制定了《2006至2010年爱国主义教育纲要草案》指导国内的军事爱国主义教育活动。

二、苏联解体后爱国主义教育受到重创

苏联解体后，俄罗斯国内传统的价值观体系受到民众的怀疑而遭到摒弃，学校教育倡导非意识形态，公民思想教育处于混乱之中①。首先，公民精神道德基础遭到了破坏。受社会危机状况和所面临的大环境的影响，道德威望在青年人心目中的地位急剧下降，传统的道德品质，如爱国主义、风险精神、勤奋、真理和理想等已经被完全摧毁。社会中的道德意识，特别是年轻人的社会道德纷纷转向实用主义，对完成必要的公民义务漠不关心，反社会行为不断增加，犯罪行为不断增加。

社会精神文化呈现出衰减趋势，大量的历史文化古迹遭到破坏，俄罗斯民族传统文化和民族遗传面临着消失的困境，文化之间的联系逐渐丧失。年轻人不愿意劳动，不关心国家和社会的发展②。国民身心素质下降，思想的混乱和精神的空虚以及由此产生不健康的生活方式，许多年轻人无法接受现实生活，无法迎接时代所带来的挑战。

---

① 王佳.试论当代俄罗斯青少年爱国主义价值观的重构[J].西伯利亚研究，2018，45(2)：53－58.

② 杨成.去俄罗斯化、在地化与国际化：后苏联时期中亚新独立国家个体与集体身份的生成和巩固路径解析[J].俄罗斯研究，2012(5)：93－159.

三、俄罗斯国家认同教育的主要内容

（一）强调历史教育

历史教育是俄罗斯爱国主义教育的主要切入口，在塑造民众国家认同的过程中，俄罗斯领导人特别强调对国民进行历史教育，对国家历史的尊重成为培养国家认同感的重要途径。

普京明确反对在苏联问题上的历史虚无主义态度，他表示，否定苏联时期的一切象征性标志，从原则上讲是错误的，否定历史会使整个民族“数典忘祖”①。

苏联解体后，俄罗斯一度忽视了历史教育，许多年轻人甚至搞不清楚哪一天是建军节，哪一天是卫国战争胜利日。在莫斯科国立大学、俄罗斯人文大学和俄罗斯教育科学院组织心理研究所参与的一项大型民情调查中，只有不到一成的人为俄罗斯的历史感到骄傲②。面对俄罗斯民族思想的缺失，普京总统宣布成立“俄罗斯世界基金会”来弘扬和宣传俄罗斯的历史文化，决定从改革历史教学和重编历史教科书入手，从青少年抓起，来带动全社会珍惜本国的历史文化传统，摒弃历史虚无主义和媚外思想，以形成俄罗斯自己的国家意识形态体系和公民的爱国主义思想。

（二）注重历史节日

俄罗斯将重要历史日期确定为国家节日，并通过节日进行历史教育。作为历史教育的时间节点，卫国战争是最重要的纪念内容之一。围绕卫国战争重大事件纪念日开展的爱国主义教育活动规模最大，所产生的正面效果也最为显著。每年 5 月 9 日胜利日当天，俄罗斯都会在红场举行盛大威武的阅兵

① 李瑞琴. 俄罗斯重评斯大林和苏联历史的社会思潮分析[J]. 俄罗斯研究，2010(1):131－146.

② 冯永刚. 爱国主义：俄罗斯高校公民道德教育的核心内容[J]. 比较教育研究，2015，37(1):85－89.

式。参加卫国战争的老战士胸前挂满勋章,应邀观摩阅兵式。国家领导人要向无名烈士纪念碑举行献花仪式。许多年轻人都主动与老战士合影,倾听他们讲述战争时期的人与事。对于年轻人来说,阅兵式不仅是一堂生动的历史课,也使他们受到了爱国主义熏陶。各地还举行读书、讲座、文艺表演等活动。

(三)重视革命历史及传统教育

新的俄罗斯公民爱国教育体系注重历史和文化继承的优先性以及传统精神价值的连续性。学校教育仍是爱国教育的重点,加强学生对历史、语文、社会学、经济学和法学知识的学习,利用文学艺术作品和媒体,宣传英雄人物、光荣事迹以及在残酷的战争年代人民英勇奋战的历史,举办各种有关俄罗斯历史和文化的竞赛和会演,培养学生热爱祖国、为祖国的成就而骄傲的情感。

出版发行有关英雄主义和为国牺牲军人英雄事迹的图书和艺术作品,增加和延长爱国主义题材的电视节目,举办展览、参观、与老兵见面等活动。苏联时期一些被证明是正确的教育经验又被恢复,如在中小学大力加强优良传统教育,恢复了长明火一号岗哨,组织复兴全俄铁木尔运动,对卫国战争、地区战争和冲突牺牲者的家属、老兵进行帮助,教育青年人关心爱护俄罗斯的老一辈。开展一系列活动让学生了解自己国家的历史渊源。

(四)注重民族文化的传承

爱国教育与国家、社会和个人的利益紧密相关,首要的是要考虑作为活动主体的人的自我发展及其自身利益。要恢复俄公民的自豪感和职责感,形成为国服务、保卫祖国的思想,发展每个人本身所有的尊严感,开发个性潜力。珍惜大自然,关注居住环境,关心文化遗产,积极参与有关国内历史与文化的创作过程,引导经济,改善对公共事务活动的态度,合理使用自然资源,正确对待风俗、艺术和科学。在对待历史文化遗产方面，《纲要》规定实施一系列措施，吸引公民参与恢复全民族文化遗产的行动，其中包括历史文化古迹、民族文化、传统、手艺和行当、语言与文学、音乐与绘画艺术、城市和农村历史建筑和居住体系、民族文化特色等。

（五）强调母语教育

俄罗斯宪法规定，“俄语是俄罗斯联邦全境内的国语”“共和国有权规定自己的国语”。在共和国的国家权力机关、地方自治机关和国家机构中，共和国国语和俄罗斯联邦国语一起使用。在民族自治地区实行双语制（犹太自治州因犹太人所占比例过低，规定俄语是官方语言），即主体民族的语言和俄语都是官方语言，在全国范围内则强调俄语是官方语言，要求俄罗斯公民必须掌握俄语。

语音是国家的构成因素，是形成国家认同的基础。俄罗斯联邦国家通过了《俄罗斯联邦国家语言法》。普京特别重视俄语的作用，强调“国家统一的基础无疑是俄语，我们的国语，民族间交际的语言。正是俄语形成了共同的公民、文化和教育空间，每个俄罗斯公民都应该高水平地掌握俄语”①。诗人普希金的诞辰日确定为俄语日。通过一系列的活动，俄罗斯现在98%的人掌握了俄语这一母语。

第六节　法国的国家认同教育

法国是一个中央集权体制的国家，重视维护社会的整体利益。这种体制

① 左凤荣.俄罗斯增强多民族国家认同的主要举措[J].当代世界与社会主义，2015(3)：154－163.

对公民教育影响颇深。在法国的公民教育中,民族、社会意志明显处于至高无上的地位。法国教育历史悠久。在法国教育体系中,公民教育一直占有重要地位①。法国是世界上最早实行公民教育的国家,早在1791年法国第一部成文宪法中,便提出了公民教育的思想。20世纪八九十年代,公民教育成为核心教育内容。

一、强调政治意义

法兰西民族历来就是一个有着高度政治自觉性和积极性的民族,素以“政治民族”著称,这一传统深刻影响到法国的公民教育。法国的公民教育有着鲜明的政治教育色彩。公民教育中的政治参与意识有着悠久的历史渊源。在法国大革命时期,民族自豪感和爱国主义价值观的形成及由此萌发出的强烈的政治参与意识。为公民教育的一个培养内容被传承下来。法国人把国家政治事务看作是与自身利益休戚相关的事情,并相信自己可以通过努力而对其施加影响②。

在开展公民教育的过程中,法国还特别重视人权教育。1984年以来,法国官方强调学校公民教育要遵循《人权宣言》和联合国通过的《世界人权宣言》,必须以“人权”为公民教育的核心,要重视公民的权利,使所有公民都享有自由、集会、结社权、表决权以及劳动权。这种建立在国家主导地位基础上的人权教育,显示了教育的权威性,同时也直接体现了公民权利的重要性,让公民在行使权利的过程中产生了对国家的认同感和责任感。

二、重视核心价值观教育

在全球化时代,法国重视培养公民在集体生活中如何与他人相处,如何

---

① 王宏德,马洁琼.我国现代公民素质培育——兼论德法公民教育对我国的借鉴意义[J].山东行政学院学报,2015(2):124-128.

② 高峰.法国学校公民教育浅析[J].首都师范大学学报(社会科学版),2005(2):108-113.

行使公民的权利与义务,从而减少社会紧张与冲突,达到促进社会和谐发展的目的。法国学校的公民教育有四项目标:培养公民正确的思想态度、端正的行为品格、正确的价值观、爱国情操与国际和平思想。其中爱国主义和社会责任教育是公民教育的核心目标,通过爱国主义教育,培养法兰西共和国公民应有的思想和价值观,增强公民对国家的情感和责任。

注重实践活动,丰富多彩的课外活动成为法国学校对学生进行公民教育的重要途径。在法国,学校经常会组织学生进行课题研究活动,通过这些活动的开展培养学生的各种公民素质。TIPD 小组在参观一所罗马天主教会职业学校(a Roman Catholic Vocationl College)时,了解到这个学校每个班级都有课题,而且每个班级的课题都要有正规可行的行动计划,以确保课题的可行性、现实性,从而可以达到既定的结果。学校设置这些课题的目的就在于拓宽、加深学生的知识面与理解力,发展他们的参与意识与活动能力,使他们步入社会以后能够成为合格的、对社会有益的公民。除学校的各种公民教育课题之外,许多学生组织也开展了丰富多彩的有关公民教育的活动。法国学校的各种学生组织十分健全,如校委会(the school council)、学生会(the student council)、班委会(the class council)等。

三、实施"共和国价值观学校总动员"计划

为传承自启蒙运动、法国大革命以来形成的共和理念,确保年青一代对法国基本价值观的认同,法国国民教育、高等教育与科研部(简称"法国教育部")推出"共和国价值观学校总动员"新计划,在法国学校开展共和价值观教育。

"共和国价值观学校总动员"新计划将为全体学生设置道德和公民教育课程,就纪律、自由共存、公民共同体等原则进行讲述,课程还涉及对抗种族主义、反犹主义等主题。设置该课程旨在让学生了解个人和集体行为规范的

基础(纪律的原则),认识到观点、信仰和生活方式的多样性(自由共处的原则),建立社会和政治关系(公民社会的原则)。在小学、初中、高中共设置300小时课程,其中小学生每周一课时,初高中学生半个月一课时。

教学章程主要体现在四个方面:一是要求学生通过分享、认同自己与他人的感情获得道德良知,二是学习共同生活社群中的规则与法律,三是能够通过讨论人生中遭遇的道德选择作出判断,四是形成一种实践自主、合作、对他人负责精神的承诺。学生将在理解自由、平等、团结等共和国价值观的基础上,发展与他人共处的能力,并通过以批判性思维看待媒体上的信息与资源,学会判断、推理与辩论,并形成自己的观点,从而逐渐意识到自身在个人及社会生活中肩负的责任。

四、注重法语教育

语言记录着民族文化的历程,文化的重要组成部分。语言是法国人有着强烈的法语情,也是增强国家和社会凝聚力的基础文化认同的前提。法国人自认为法语是世界上"最高贵的语言",并把讲法语视作热爱法兰西文化的表现。近几年来,法语在国民心中的地位越来越受到来自英语的挑战。因此,法国人将提高法语地位寄托于下一代的教育上,希望通过母语教育培养真正的民族特性。

1992年,法兰西宪法中增加了"法国官方语言为法语"这一附加条款,此外,法国还成立了直属政府的专门术语和新词审定委员会,对外来语的引进制定严苛的标准。《法语使用法》还规定:"法语是教育、劳动、传媒及公共服务部门使用的语言。"公立和私立的教育机构,在教学、考试、选拔时均应使用法语。在课时方面,法国初小一年级的法语课为每周9—10课时,占每周学时总数的35%—38%,比数学多出4—4.5课时。

在学校教育中,法国非常重视学生的法语学习。在法国的中小学,法语是基础学科，法语学科所占比重甚至占了学校课程量的半数以上。法国教育部公布了新的初中教学大纲，大纲特别强调要加强法语教学，提高学生的法语阅读能力和书写能力。大纲提出，法语教学的首要任务是巩固和扩大学生用现代法语进行口头和书面表达以及交流能力，并通过语言掌握现代社会的文化。法国，许多中小学还专门建立了法语的图书室、阅览室。

第七节 国家认同教育的特点分析

当今世界各国，尽管各个国家的历史、文化传统、社会制度不同，但各国政府都很重视加强青少年的国家认同教育，都把国家认同教育作为重要职责，并运用各种资源开展国家认同教育。概括起来，各国青少年国家认同教育的内容大致包括以下方面。

一、国家认同的教育内容

（一）国家意识教育

许多国家都不约而同地把对“国家意识”的宣扬与灌输放在国家认同教育的重要地位，并以此来指导和处理爱国与民族、宗教的关系，个人与社会的关系。通过国家意识的灌输，使受教育者了解国家和社会倡导的政治方向、政治立场、人生观、价值观、世界观的教育，使其认同社会的道德和行为规范，形成共同的理想和信念，使其关心和认同社会，参与社会事务，以国家和社会利益为重。

当前，随着全球化的发展，各个国家不但没有淡化思想政治教育，反而更加重视思想政治教育的政治功能，并把它作为巩固本阶级政治地位和促进社会进步发展的重要手段。在现代利益关系错综复杂的社会条件下，唯有认同国家才能最大限度地团结一切可以团结的力量，找到利益冲突各方都可以接受的某种共同点、结合点。

（二）民族精神

各个国家的国家认同教育，十分注重青少年民族精神的培养。民族精神是在长期的历史进程和积淀中形成的民族意识、民族文化、民族习俗、民族性等的共同特质，是指民族传统文化中维系、协调、指导、推动民族生存和发展的精粹思想，是一个民族生命力、创造力和凝聚力的集中体现，是一个民族赖以生存、共同生活、共同发展的核心和灵魂。各国都非常重视民族精神的培育和弘扬，并把其作为国家认同教育的主要内容。

如，美国注重“美国精神”的培养。对学生进行“美利坚民族”意识教育，主张爱美国的制度和生活方式。而日本把以“忠”为特征的大和民族精神作为立国之魂，从而实现其政治大国的目的。民族精神的教育使得各个国家的公民树立了国家认同感和归属感，增强了社会凝聚力和向心力。民族精神的传承是国民形成国家认同的核心元素。

（三）注重传统文化教育

传统文化是指一个民族在历史的长河中，体现出的语言和文学艺术、社会风尚、生活习俗、宗教信仰以及对本土的热爱和眷恋。在全球化、多元化的时代发展背景下，各个国家都十分重视传承本国的传统文化教育，强调从传统文化中汲取爱国主义元素，通过传统文化教育培养本国国民的民族自尊心和自信心，增强本国公民的国家意识和团队精神。

如，法国政府将文化看作是法兰西民族“软实力”的重要组成部分，非常重视对本国传统文化的传承和推广。意大利政府也十分重视弘扬本国历史文化，政府投入大量经费来弘扬历史文化。在推行国家认同教育过程中，新加坡、韩国等并未一味照搬西方的教育经验和模式。为了防止欧美价值观对韩国传统道德观念的冲击和侵蚀，韩国选取了经典的儒家文化作为基石，尤为重视民族传统道德教育及民族传统文化教育的传承。

（四）注重本国历史教育

每一个国家的文化都是在自己独特生活方式的历史传承上建立起来的，青少年对自己所隶属国度历史的了解是形成国家认同的重要基础。历史教育在国家认同中承担着非常重要的责任。可以说，历史教育的成功与否直接关系国家和民族的兴衰，关系一个国家文化的延续。当今世界，虽然各国的教育模式、课程设置有所不同，但各国都非常注重对本国青少年进行历史教育。

历史教育不仅告诉学生自己所隶属的国度，而且更要培养公民的爱国主义情怀。历史教育中特别注重民族自豪感的培养和国家精神的宣扬。无论采取哪种途径，首先是认知帮助学生了解国家的历史和现实状况，其中，必然要进行积极引导。其次，学生在了解国家历史的基础上，引导公民产生强烈对所属国度的自豪感和归属感，培养起热爱祖国的深厚感情。纵观世界各国的历史教育，不难发现，历史教育在培养国家认同观念中起到了关键作用。

各国政府都十分重视运用历史人物来加强对青少年的历史教育。在各国历史教育中，民族英雄和有突出贡献的科学家，成为各国政府培养青少年民族意识和爱国主义情怀的榜样。这些历史人物作为一个民族、一个国家重要的精神财富被加以珍惜。

比如，澳大利亚非常重视历史教育，将历史课定位为中小学教育的主课，政府将历史作为维系民族和国家之间关系的精神纽带。美国历届政府都把历史教育放在学校教育的重要位置。在美国，无论是小学、中学还是大学，都开设有历史课。从幼儿园开始，教师就给孩子讲星条旗的组成，让孩子知道“华盛顿”是美国之父，知道“南北战争”。在意大利、葡萄牙、法国、丹麦、德国甚至整个欧洲，无不重视对学生进行历史教育，通过广建博物馆、在街头广场立历代名人雕像、保护历史文化古迹、大力宣扬本国的优秀文化典籍、经常举办历史文化知识竞赛等，强化青少年的国家意识，深化其爱国情结。

（五）本国语教育

语言是民族文化的一部分，一个民族的政治、经济和日常生活各方面的特点都会在语言中留下印记。可以说，语言反映一个民族的特征，这不仅包含着该民族的历史和文化背景，而且体现了民族的人生价值观，生活方式乃至思维方式。语言不仅是一种交流的工具，更是民族文化传承的载体，也是一个民族精神的延续，更是一个民族国家主权的象征和符号。在当代背景下，保护自己的母语就是保护主权。

母语教育涉及国家发展、文化传承的大事，是国家发展的战略。母语教育就是增强民族的文化认同感和民族自豪感，对传承民族文化，培养公民的基本身份认同和民族情怀，增加对国家的情感依附都有非常重大的意义。在全球化时代，各个国度越来越注重母语的教育。

比如，欧洲的英、德、法、意等国都以立法的形式保护本国官方语言文字在大众传媒和公共领域的使用和主权地位，法国政府更是不惜血本来对抗英语的话语霸权，德国柏林和法国巴黎的街头几乎没有英文标牌，德国的高速公路路标全部使用德文。以色列人不懈地捍卫自己的母语希伯来文，印度在建国后花大气力复活梵文。俄罗斯为了传承本国语言，出台了一系列国家政策。不少国家拒绝在自己的文字中夹杂英文，加拿大魁北克省作为北美唯一使用法语的地区，政府制定了极为严厉的法律和详细的政策来保护法语的使用。

二、国外国家认同的现实路径

"'认同'不仅仅是个体的一种情感归依与心理倾向，同时也是一种力量，一种维系社会共同体的内在凝聚力。”国家认同具有维护个体安全与维系国家稳定的双重价值。对个体,对国家共同体的认同有助于其形成自我感知和价值判断,“人们是通过群体成员资格来寻求安全感和认同那些与他们具有相似特征的人的。为个人确立根源感和归属感”。从国家而言,国家认同不仅能够在经济上刺激经济福利的生产和再生产,而且能够在政治价值上确立内向的合法性,还能够在制度组织上确定国家的符号边界。国家认同的核心环节和关键群体是青年对国家的认同,尤其是作为国家的有生力量的高学历人才。如若处理不当后果不堪设想。

(一)各种政府都高度重视

冷战结束后,国家间的综合国力竞争的焦点发生了重大转化,以文化为核心的“软实力”成为各国竞相追逐的目标。对于一个国家而言,意识形态是否被高度重视和有效构建、主流意识形态是否被高度认同、意识形态是否具有强大的吸引力和凝聚力,既是文化问题,更是政治问题和外交问题。在全球化时代,一个不重视本国意识形态建设的民族不可能屹立于世界民族之林。

在各个国家政府都在国家认同教育中发挥主导作用,政府强有力的领导和领导人的高度重视,是保持国家认同教育良好效果的坚强后盾。各个国家认同教育的顺利实施,都离不开政府强有力的导向,政府的主导作用和舆论的导向作用非常重要。各国政府营造一种良好的社会文化氛围。在这种文化氛围里,青少年的国家认同感得到激发,爱国情操得到陶冶。

在全球化时代,美国、英国、法国、俄罗斯、德国、日本、新加坡、韩国等国政府都采取了各种措施加强青少年的国家认同教育。在德国,国家认同感的培养中,由法律法规、象征符号等构建起来的制度体系是培养公众对国家政治体系认同的重要方式。俄罗斯在解体后,有一段教育“非意识形态”,导致了本国国民的一系列问题，普京上台后，实施了一系列措施，从母语、文字、出版物、课程设置、实践活动，并且专门设置了组织机构来促进国家认同的教育实施。纵观国内外，国民认同教育取得的成效取决于政府的重视程度。

（二）学校教育是培养国家认同的主阵地

学校教育是一个文化场域，从各国国家认同教育的实施来看，学校是进行国家认同教育的主阵地，是开展国家认同教育最正式、最系统、最有效的载体。学校通过开设思想政治、历史、语言、文学等课程，或者通过开展校园活动、创设文化氛围等，传授国家文化、政治、民族等知识，影响青少年学生对国家的政治态度和行为，使青少年学生形成正确的国家民族意识和社会民主意识，增强学生的民族自信和国家自信，培植学生对国家的归属感。

世界各国学校国家认同教育的开展，一方面通过开设国家认同教育专门课程进行，另一方面则注重发挥各门课程在国家认同教育中的渗透作用。如，美国高中的社会学科包括美国史、美国政府、法律、世界史、欧洲史等20门，并规定这类课程高中毕业课时数为360，占高中毕业总课时数的8.6%。新加坡除开设“好公民”和“生活与成长”等课程进行“国家意识”教育之外，还注重发挥各科课程的“载道作用”和“渗透作用”。

（三）利用大众传媒

学校教育是培养青少年国家认同感的重要途径，但是仅仅靠学校教育是远远不够的。在信息化、多媒体时代，互联网络、影视广告、手机通信等信息传播媒介，从各个层面潜移默化地影响着受众的价值观。

大众传媒是影响青少年国家认同意识的重要载体，大众传媒的迅速发展为国家认同教育的实施拓宽了领域，利用大众传媒和现代信息技术可大大增强国家认同教育的效果。国家认同教育的有效实施不仅需要政府的大力支持，而且需要社会主流媒体的积极导向来营造良好的社会氛围。

在国外，除了学校，大众媒体也成为各国国家认同教育的有力工具和重要途径。无论是东方国家还是西方国家，报纸、书籍、广播、电影、电视、互联网等媒体已被各个国家广泛运用于国家认同教育活动中。政府通过各种媒体宣传官方的政治道德信息，影响公民的政治倾向、价值取向和生活方式。由于网络对学生的学习生活影响日益增大，各个国家还积极利用互联网平台开辟交流平台，设置专门网页，开辟专栏，邀请政治专家、心理学家、社会学家深入剖析重大社会、经济、政治问题。

（四）积极开发资源，拓展校园文化建设

国家认同教育的开设需要由相应的资源来进行支撑。每个国度都有着较为丰富的文化资源。从历史到现实，从物质文明到精神文明，从自然风光到物产资源，社会生活的各个领域均蕴藏着极为丰富的教育资源。各种纪念馆、博物馆、历史遗址、各种民族传统节日、国家纪念日等都是重要的国家认同教育资源。

良好的社会环境对人的价值观的形成和发展具有重要的作用。除了课堂教学外，各国政府特别重视环境建设，不惜花费巨资修建各类博物馆、纪念馆、名人故居、文化历史遗址等，并且将这些资源免费向青少年开放，借此帮助青少年一代了解历史，对青少年进行国家认同教育。

比如，在美国，每座城市都建有纪念馆、纪念碑，免费让中小学生参观，以此加强学生的爱国意识。在澳大利亚，政府充分利用各种博物馆、纪念馆进行国家自豪感和民族意识的培养，国内几乎每座城市都建有纪念馆、纪念碑，免费让青少年学生参观，让其自觉接受爱国思想的熏陶，以此加强学生的国家意识。另外，各个国家还充分发掘一些纪念日、重要活动、重要事件中蕴藏着的宝贵教育资源进行国家认同教育。

三、注重教育方式的多元化

教育方式是保障国家认同教育效果的关键，各个国家在政府引导、资源保证的前提下，开展了多种的方式来保证教育的效果。各个国度所开设的课程，都遵循青少年心理发展的特点，对青少年进行适合年龄特点的教育。

例如，在英国，国家认同教育关注的是在爱的情感上对儿童的教育，不同年龄阶段有不同的要求。6 岁以下要学习爱父母，每天向父母问好等；7 岁要学会爱朋友爱小动物；8 岁要有同情心；9 岁要学会帮助他人，向有困难的人伸出援手；10 岁要懂得爱他人，要了解消防员、救护员、医生、养老院和红十字会的工作人员都在从事爱他人的工作，要学会尊敬这些人；11 岁要学习爱家乡；12 岁要开始懂得爱国家，学习维护国家主权。

美国教师对学生进行爱国主义教育时，会先从地图、孩子的出生地、家乡的特产和著名人物、风土人情等方面来循循善诱，使少年儿童逐步形成对国家的亲近感、认同感和归属感。另外，学校里进行的各种活动，都要先从升国旗、唱国歌开始，即使是一个学生的足球比赛，也要先升国旗、唱国歌。层层递进的教育目标有助于培养学生的爱国主义精神。

（一）课堂教育方式的多元化

课堂讲授法。即通过讲解、传播等方式，将思想政治教育内容传输给受教育者。尽管这种方法不断遭到人们的抨击，但它至今仍是各国国家认同教育普遍采用的基本方法。这种方法的特点是把一些具体的、相对固定的道德规则和美德灌输给学生，通过训练、榜样、惩罚等方式巩固和强化灌输的效果，这是最为常用的课堂教学方法。

问题讨论法。当代欧美一些国家的国家认同教育非常重视学生认知能力的培养，认为唯有发展学生的判断力才能使学生较好地适应多变的社会，才能根据不同情境和具体情况做出正确的判断。反之，如果仅记住公民知识或培养某方面的行为习惯，不仅不能应付变化了的情况，而且还会产生副作用，会因为已有的定势而无法学习和顺应新情况，满足新需求。现在很多国家的公民教育课都引进了科尔伯格的道德认知理论，采用问题讨论法，把培养判断力作为公民教育的中心任务。

情感陶冶法。情感陶冶一般包括人格感化、环境陶冶和艺术熏陶等形式。教师的人格和校风等对学生的成长有重要的影响作用，西方社会称这些影响为“隐蔽课程”。美国、英国、澳大利亚等国都特别重视隐蔽课程对学生的教育作用。

表 1　新加坡的隐蔽课程

年级目录	篇名
一上第五课	尊重我们的国旗
一下第六课	新加坡
二上第三课	唱国歌
二上第十课	我们的节日
二下第二课	挂国旗
二下第五课	大家来唱爱国歌曲
三上第十四课	我关心国家的名声
三下第四课	庆祝国庆节
三下第十二课	我们的习俗
三下第十三课	我们的家园
四上第一课	一次有趣的周会
四上第九课	全国运动
四上第十一课	参观
四上第十五课	保卫我们的祖国
四下第三课	种族和谐日
四下第六课	我们的信约
四下第十三课	我要锻炼身体

续表

年级目录	篇名
五上第七课	我爱新加坡
六上第八课	我们一致同意
六上第十三课	感谢你们的贡献
六上第十四课	尤索夫总统
六上第十五课	新加坡
六下第三课	多元种族
六下第五课	我所怀念的新加坡
六下第六课	让我们一起保家卫国
六下第八课	为将来做好准备

（二）成立相应的组织

成立相应的团队机构来保障国家认同教育的正常实施是一个非常重要和主要的路径。比如，德国大学生素有结社传统，在国家认同感的培养上，大学生社团也发挥了关键性的作用。“德国大学生兄弟会”是德国历史最悠久、人数最多的大学生社团，它将国家公民观和民族共同体教育融合在一起，注重品格塑造和个性培养，唤醒大学生的民族意识与爱国热情。欧美许多大学生宗教社团将政治教育与宗教信仰结合起来，如天主教大学生社团以天主教义为出发点，针对社会问题进行分析，对成员的思想困惑进行疏导，力求达到对社会和国家的共识。新教大学生社团“温高夫团”阐明其政治教育的任务是：致力于建设文化共同体，培养民族共同体成员。

（三）校园文化的建构

校园作为学生学习和生活的主要场所，在对学生人格、情感塑造上起到非常重要的作用。校园文化作为一种客观存在，与学校相伴而生。优良的校园文化不仅是办好教育的重要资源,也是全社会中珍贵的精神财富,而且具有鲜明的时代特点。各个国家都非常注重校园文化对国家认同的建构。

比如,在韩国,校园内、走廊里、教室和办公室场所都悬挂着历史人物画像及书法、绘画等历史文化艺术作品,校园到处可以看到传统的书法和山水画,书法内容多是先贤哲人关于做人的至理名言,山水画主要描绘的是韩国的三千里锦绣山河。除悬挂著名历史人物的画像外,一些学校还将传统的名言警句作为学校的校训,或者用历史名人来命名学校的楼宇建筑物。学校内还大多设有传统习俗教育室,摆设着有关传统衣食习俗的实物,供学生参观。此外,还有供学生学习传统礼节的场所。

在俄罗斯,高校还紧扣爱国主义的时代脉搏,积极营造爱国氛围,提高大学生的爱国主义觉悟,让大学生在潜移默化中受到爱国主义精神的感染与熏陶。一方面是借助媒体、宣传栏等媒介大力宣传爱国主义教育;另一方面,则是在学校、博物馆、地铁、广场等公共活动场所,爱国主义警句或格言不时跃入眼帘。创设此种氛围,是在告诉青少年,爱国主义与俄罗斯的前途、人民的命运息息相关。倘若不敬重自己的国家,不尊崇祖国的历史文化与曾经取得的辉煌,则意味着抛弃了自己。

(四)开发更多的教育资源和活动

"活"的教材对学生的心灵触动能够起到更加震撼的效果。许多政府都特别注重教育资源的开发与利用。比如,韩国共有 165 处事迹地和文化遗址、170 多个少年修炼院(夏令营)。另外,韩国还有 7 处世界遗产,这些都是对青少年进行国家认同教育的活教材。每年有成千上万的韩国学生到这些地方,了解韩国的文化渊源,加深对祖国的热爱。韩国的公共场所,随处可见为抗击日本侵略而光荣牺牲的烈士纪念碑和纪念塑像。博物馆、独立纪念馆等名胜古迹等设施基本上都对青少年免费开放,青少年在参观旅游时,场馆还安排专门人员作讲解。

近几年来,俄罗斯退伍老兵组织、图书馆、纪念馆等社会团体也合力做好青少年的国家认同教育工作。退伍老兵组织积极参与青少年国家认同教育。无论是在苏联时代还是今天,二战老战士一直都是“最受尊敬的公民”。在俄罗斯,卫国战争老战士倍受社会各界尊重,在胜利日、祖国保护者日等重要节日,老战士都会来到孩子们中间,为他们讲述战争中的人与事,帮助青少年树立履行保卫国家义务的概念。俄罗斯几乎每个大城市都有老战士委员会,每个委员会都会有老战士合唱团。这些老战士合唱团在机关、学校等地方来,将激励过他们的歌曲传递给下一代。

图书馆在青少年国家认同教育中也发挥了重要作用。俄图书馆采取了多种方法加强国家认同教育。比如莫斯科市集中图书馆通过系统庆祝俄罗斯军人荣誉日,鄂木斯克集中图书馆通过系统编写出版《纪念的书》等书籍,缅泽林斯克轻工业技术学校图书馆通过举办著名统帅纪念日、祖国保卫者日展览等,向参加卫国战争的战士表示感谢。

此外,俄罗斯儿童图书馆在国家认同教育中也发挥了十分重要的作用。沃洛涅日州儿童图书馆、楚瓦什共和国儿童和少年图书馆、罗斯托夫州儿童图书馆等通过系统制定爱国主义教育年度计划,定期开展国家认同教育活动,把国家认同教育融入图书馆的日常工作中。

德国的国家认同教育是建立在广泛的社会合作基础上的。社会机构在国家认同育中发挥着重要的作用。在德国,除了联邦政府和各州政府成立的“政治养成教中心”等机构外,还有大量从事政治教育工作的社会团体和公共机构,这些社会构共同承担着政治教育及思想道德教育工作。著名的阿登纳基金会就是由德国前理阿登纳在 20 世纪 50 年代创立的政治咨询和教育机构。

类似这样的组织还有天教联盟、联邦青年联合会、农村青年联合会、德国志愿服务队等。这些机构经常和国内外政治形势举办相关讲座、报告会,给青少年讲解法律知识、职业道德及内外时事等内容。德国的企业、行业协会、教会、图书馆、博物馆等也积极参与少年国家认同的教育工作。一些非政府组织还为中小学生提供资助,让他们在假期一些集中营旧址或二战纪念馆打工,或是组织他们为年老的犹太人提供家庭服务。

四、国家认同教育的国际比较

国家认同的建设是一个任重而道远的过程,国外的经验给我们许多宝贵的启示。

首先,通过教育革新塑造一代新人。教育是国家认同的智力支持,人的培养离不开教育,观念的塑造更离不开教育。学校教育历来都是国家意识传递的主战场,是国家意识共同体建构的场域。

其次,通过文化传承并确立核心价值。文化是国家认同的精神动力,价值观是教育的使命,教育是以文化传递为媒介的,对个人精神发展的一种援助,一种内部力量,要防止文化断层,借助教育来形成和延续民族。在德国历史发展的链条中,断裂性是其显著特点,尴尬的地理位置、复杂的民族构成、派别众多的宗教信仰以及长期的分裂割据,使国家认同问题如同幽灵一般始终萦绕着德意志,所以"德意志人"认同的载体只能是"文化"。

最后,构建多方位、立体层次的教育合力。国家认同教育并非简单的理论灌输和政治说教,而是从经济、政治、文化、情感等维度进行突破,以国家、社会、学校、个人四个层面相互支持。第一,经济保障是国家认同的内部根基。国家经济的良性发展是民生的基础保障,稳定的就业市场也需要健康的经济环境来提供。第二,制度构建是国家认同的外部保障。魏玛政府先从法制体系的层面给予国家认同以保障,第三,建立了专门的政治教育机构推进国家认同。并且积极推进社会互嵌与阶级融合,促进不同群体间的理解,消弭隔阂。第四,多渠道融合,认同是一种心理情感取向和归属感,国家认同感无法强制,更不是仅凭简单说教或知识传授便可形成的情感、态度和价值观,必须充分调动参与主体的主观能动性,从自发走向自觉。社会舆论和公众文化对大学生的国家认同教育起到了潜移默化的作用,并且在日常生活中构建了一系列的国家象征和符号,如国旗、国徽和国歌。“政治教育工作组”与多门人文学科相结合,强化学生的国民身份归属意识。大学生社团鼓励成员积极探讨社会时政问题。

国家认同是民族国家通过政治与文化的动员来建构共同意义的过程。国家认同感的形成固然受到多种因素的制约,但教育是一个非常重要的途径。世界各国无不把爱国主义视为凝聚民族精神、动员和鼓舞人民团结奋斗的一面最鲜艳的旗帜。国家认同教育是爱国主义教育的基础,人们只有确认了自己的国民身份,了解了自己与国家存在的密切联系,将自我归属于国家,才会关心国家利益,才会对国家的发展自愿地负起责任,在国家利益受到侵害时愿意挺身而出,在国家文化受到歧视时个人的感情会受到伤害。相反,一个人如果失去或改变了自己的国家认同,那么,这个国家的兴衰与自己也就没有什么关系了。

第四章 大学生国家认同教育的生成机制

从词源上分析，机制一词来源于希腊文“mechane”，原意指机器的构造和动作原理[①]。这一解释包含两个方面的意思：一是机器由哪些部分组成，二是这些部分是如何运行与工作的。机器的组成部分及各部分之间的关系，制约着机器的运行方式和工作过程，因此，前者是后者的基础。一部机器由各种零部件组成，每个部件按照一定的方式运转才能保证机器整体功能的发挥。一般来说，一部完整的机器由动力部分、传动部分和工作部分三部分组成。动力部分负责产生动力，传送部分负责传送动力，工作部分负责利用传送的能量来做工。这样一来，机器的各个部分各司其职并相互联系，保证了机器整体功能的实现。如此，可以这样来理解机制的含义，即机器各个部分之间的相互关系机器运行方式。也正是因为如此，人们又称机制为“运行机制”。

把机制的含义引申到不同的领域，就产生了不同的机制。如生物领域存在生物机制，社会领域存在社会机制，教育领域存在教育机制。生物机制是

① 《现代汉语词典》，商务印书馆2000年版，第582页。

指生物体各个部分之间的相互关系及其运行方式,如人体作为一个生物体由骨骼系统、消化系统、神经系统等部分组成,各系统之间的相互关系及其运行方式就是人体生物机制;社会机制是指社会各个部分之间的相互关系及其运行方式,如社会由经济、政治和文化三个系统组成,各系统之间的相互关系及其运行方式就是社会机制;教育机制是指教育现象各个部分之间的相互关系及其运行方式,如教育现象由教育活动、教育体制、教育观念等部分组成,各部分之间的相互关系及其运行方式就是教育机制①。因此,机制的本质就是事物或现象各部分之间的一种相互关系及其运行方式。

由此可见,机制的存在前提是该事物或现象由不同部分组成,而这些部分又遵循事物内在的关系进行运转。也就是说,并不是所有的事物或现象都有机制,机制产生的条件有二:一是该事物或现象由具有一定关系的不同部分组成;二是各部分按照事物的内在联系发挥作用。因此,机制并不是普遍存在的。

关于对长效机制内涵的理解,目前学者们的观点尚不统一,但基本都是在上述机制内涵的基础上着重对“长效”作出解释,即所谓长效机制重在强调所建立机制运行的长期有效性,具体来说,包含两个方面的意思:一是在时间上体现出长期性;二是在实际效能上体现出有效性。

目前专门针对大学生国家认同教育长效机制的研究十分稀少,偶见一些学者对大学生思想政治教育长效机制的构建进行了初步研究,如在长效机制的构建原则方面,邢宽广提出了构建大学生思想政治教育长效机制的指导思想和工作重点;葛丽君、魏晓文提出构建高效思想政治教育的长效机制必须以学生为主题,以教师为主导,坚持科学发展观,坚持“以人为本”的思想。在

① 孙绵涛:《教育管理学》,1 版,284 页。

长效机制的构建内容方面，王铁军主张从制度建设、队伍建设、服务体系、考核评价等四个维度构建大学生思想政治教育的长效机制；刘相武、郑艳萍从国家、社会、学校、家庭这四个维度提出了构建大学生思想政治教育长效机制的具体措施①。

借鉴已有研究思路，本章试图从构建机制、联动机制、激励机制和保障机制四个方面构建大学生国家认同教育的长效机制。具体内容将在本章的四节内容中分别阐述。

第一节　大学生国家认同教育的构建机制

当前，在经济全球化、文化多元化以及信息科技快速发展的现实背景下，大学生国家认同呈现出新的特点，也存在诸多问题。加强大学生国家认同教育，提升大学生国家认同水平是当前高等教育的一项重要内容。实现大学生对国家的高度认同，首先需要明晰大学生国家认同教育的具体内容，形成教育主体队伍，选择科学的教育途径与方法。

一、大学生国家认同教育的内容构建

从现有研究来看，国内外学者对国家认同的内容认识不一，主要源自研究的角度不同。弗兰克·琼斯（Frank Jones）和菲利普·史密斯（Philip Smith）根据国家认同的选择性，将国家认同的内容分为先赋性和自愿选择性两个维度。德国学者尤尔根·哈贝马斯（Jürgen Habermas）通过分析政治认同与文化认同的内在联系，认为国家认同不仅是一种政治认同，更是一种价

---

① 祁琼.爱学习、爱劳动、爱祖国教育的长效机制研究[D].中南民族大学，2015.

值认同和文化认同。新加坡学者符懋濂认为国家是一种由政治、历史、文化、族群等多种因素组成的共同体，因而国家认同包含政治认同、历史认同、文化认同、族群认同。我国学者曾竞认为国家认同既需要物质基础，又需要精神基础，在这两个基础上构成了国家认同的两类内容，前者如经济生活认同、体质认同，后者如语言认同、风俗认同、历史认同及政治认同。门洪华等认为国家认同包括国际和国内两个层面，国际层面的国家认同是指一个国家相对于国际社会的定位与角色，国内层面的国家认同是国家凝聚力和向心力的重要表现，是激发国民归属感和为国家做奉献的内源力量。江宜桦认为国家认同是一个包含三个递进层次的体系，即国家认同首先是族群认同，然后是文化认同，最后才是制度认同。学者杜兰晓认为国家认同的内容包括祖国认同、道路认同、理论认同和制度认同四个方面。除此之外，学者们还在不断完善补充着国家认同的内容，如民族认同、国家地理认同、经济认同、传统认同等。

通观以上学者观点，可以看出，国家认同的内容十分丰富，对于一个国家而言，共同的历史传统、文化符号、政治体制、语言文字是保障国家认同的重要构成性因素。历史认同激发国民对祖国的尊重，文化认同激发国民对祖国的荣誉感，政治认同激发国民对祖国的归属感，语言认同激发国民对祖国的自豪感。基于这样的分析，笔者认为大学生国家认同教育的具体内容应包括四个方面：政治认同教育、文化认同教育、历史认同教育和语言认同教育。

（一）政治认同教育

何为政治认同？《中国大百科全书·政治学卷》的解释是："人们在社会政治生活中产生一种感情和意识上的归属感。它与人们的心理活动有密切的关系。在政治社会化过程中，人们依据一定的政治态度、政治目标确定自己的身份，把自己看作某一政党的成员、某一政治过程的参与者或某一政治信念的追求者等等，并自觉以组织及过程的要求来规范自己的政治行为，与这个政治组织保持一致，支持这个组织的路线、方针、政策，这就是政治认同。”①政治认同的指向包括国家、阶级、政党，当然还包括与之相关的政治理想、政治制度、政策法规等。据此，政治认同往往表现为公民头脑中形成的国家意识、阶级意识和政党意识，并外化为对国家政策、制度、法律法规的自觉遵守。对政治认同的这一界定得到了广大学者的普遍认同。

政治认同与国家认同密切相关。一方面，政治认同是公民对其国家政治共同体的认同，高度的政治认同有利于提升国家认同；另一方面，国家认同包括对政治共同体的认同，当然还包括对国家的历史认同、文化认同和语言认同。

国家是政治共同体，国家的稳定有赖于公民的政治认同，因此政治认同是国家认同的关键，正如古希腊哲学家亚里士多德所言：“一种整体如果要达到长治久安的目的，必须是全邦各部分的人们都能参加而且怀抱着让它存在和延续的意愿。”这里提到的“意愿”实质上就是政治认同。政治认同能够产生向心力和凝聚力，当公民对某一政治组织和政治信念产生信赖时，就会忠诚于这一组织以及与之相关的政治制度，这样的政治制度和政治统治就能够延续；反之，如果公民对现行政治出现认同危机，这一组织就缺少了安身立命的根基，其统治就会被瓦解。因此，提高公民的政治认同水平是维护政治稳定的关键因素。由此可见，加强对大学生的政治认同教育是国家认同教育的首要内容。具体包括社会主义理想信念教育、社会主义核心价值观教育和中华民族精神教育。

1. 社会主义理想信念教育

理想信念的本质是观念，观念通过改变人的行为进而改变世界。所有民

① 中国大百科全书编辑委员会. 中国大百科全书·政治学卷[M]. 北京：中国大百科全书出版社，1992：501.

族和国家都有一个占主导地位的社会共同理想信念，这种共同理想信念是政党执政、国家发展、国民团结的精神支柱和动力。一个有战斗力和生命力的政党，一定是团结、具有凝聚力的政党，这种凝聚力就来自政党、民族和国家对共同理想信念的坚定追求。中国共产党带领全国人民经过艰苦卓绝的斗争、取得的一切建设和改革成效，以及在国际社会中大国地位的确立和国际影响力的提升，都离不开坚定的理想信念，这种社会主义理想信念是无产阶级和共产党人对人类社会发展规律和自身历史使命自觉意识的集中体现，是团结全国各族人民为社会主义事业奋斗的利器。

我国是社会主义国家，以共同富裕为理想追求，以集体主义为道德原则，这些都是我国公民应该认同的共同理想信念。改革开放以来，我国的社会主义现代化建设取得了举世瞩目的成就，然而随着经济体制的变革，一部分人的思想观念也发生了变化。例如，“事不关己，高高挂起”，过分计较个人利益的得失；根据经济收入衡量劳动价值，缺乏奉献社会的精神；“外国月亮更圆”，盲目崇洋媚外，等等。当前，随着我国社会生产方式的多样化和就业岗位、就业方式、分配方式的多样化，当一些青年学生在遇到就业压力、生活压力和发展瓶颈时，就对现行的政策、甚至社会主义制度产生了动摇与怀疑。种种现实表明，加强对大学生的社会主义理想信念教育是当前高等教育中的一项重要而急迫的工作。

社会主义道路是我国坚定不移坚持的道路，社会主义制度是我国不可动摇的根本制度，这是历史教会我们的真理。在新时期，高举社会主义伟大旗帜，是实现中华民族伟大复兴的根基。要加强对大学生的社会主义理想信念教育，就要强调其在大学教育中的重要地位，理想信念教育不是空中楼阁，必须与当前大学生的生活实际、思想实际紧密结合；大学生理想信念教育的方法也不应是简单地说教，应大胆创新，促进大学生理想信念教育方式的多元化；在评价大学生理想信念教育的成效时，不应仅仅依靠纸笔考试，更应在实际情境中考查大学生对社会主义理想信念的理解度、认同度、强烈的积极情感和主动践行的行为表现。

2.社会主义核心价值观教育

价值是人们对客体满足主体需求程度的评判，人们对事物价值的根本看法便是价值观，它决定了人们对于判断、评价和取舍的理解与实施。核心价值观是一个国家或一个社会在一定历史时期内共同认可的价值体系，每一个国家在不同的历史时期，都有相应的核心价值观，中国历史如此，外国历史也是如此；当今的社会主义国家如此，发达资本主义国家亦如此。

每一个建立起来的国家或政权都有一种共识，那就是如果要实现国家的长治久安和政权的稳定，建立并强化所有公民共同认可的核心价值观至关重要，因为只有这样才能统一认识，能在全体公民中形成一种共同的意识和价值追求，这样才能够保持长久的统一和稳定。可以这样说，没有共同的核心价值观，就不能构成真正统一的国家。因此，核心价值观是国家统一意识的基础，是维持社会秩序的关键，也是各国在规划发展战略中的一项十分重要的内容，在一个国家中，只有价值观统一，才能观念统一，人们的行为才能统一。反之，一个国家或一个社会，如果没有公民共同认可的核心价值观，这个国家或社会就失去了灵魂，就缺少了凝聚力和战斗力，国家的长治久安便无从实现。

社会主义核心价值观是社会主义先进文化的精华，是符合我国现实需求和发展趋势的共同价值观念体系，是我国当前及今后的经济建设、政治建设和文化建设的内核动力。社会主义核心价值观教育是我国公民教育体系中的一项极为重要的内容，它关乎国民共同的理想信念、道德规范、精神追求的建立。一个强大的国家不仅拥有强大的经济实力、坚强的政治制度，还拥有一套科学的核心价值观体系，这种核心价值观教育实质上是一个促进全国各族人民文化认同的过程，即通过文化的感召力，增强全民凝聚力，它可以超越不同民族、宗教、语言、地域等的差异性而发挥作用。

改革开放以来，人们的眼界逐渐拓宽，思维越发活跃，活动阈限大大扩宽，文化沟通与交流成为常态，今天，随着全球化和信息时代的到来，人们看到了更加丰富多彩的世界，在多种文化的交融和碰撞下，人们的价值观念也逐渐多元化。我国作为一个正在崛起的大国，必须有自己稳定而又持续的核心价值观，这对于国家的稳定、和谐发展，以及赢得国际社会的理解和尊重都是至关重要的。

处在这样一个快速发展又多元化时代的大学生，一方面，他们每天都能够通过各种途径接受大量的新鲜事物；另一方面，他们的人生阅历和社会经验不足，思想还不够成熟，对社会思潮和信息的甄别能力不够完善，他们对于新鲜事物往往表现出高涨的热情，但有时缺乏客观分析和冷静思考的意识和能力。正因如此，大学生群体中出现了拜金主义、个人主义、享乐主义等不良思想，这会导致大学生价值观的混乱，从而产生思想困惑和价值迷失。大学生是建设中国特色社会主义的新生力量，是否能够树立社会主义核心价值观关乎祖国和民族的未来。因此，大学理应成为培养公民社会主义核心价值观的主阵地，通过社会主义核心价值观教育，激发大学生对我国文化的深度认同，从而激发其投身到民族振兴的伟大事业中来。

3. 中华民族精神教育

民族精神是一个民族在历史活动中表现出来的富有生命力的优秀思想、高尚品格和坚定志向，它是一个民族的历史标签和文化标签。无论是发达国家，还是发展中国家，要想维护民族独立并在国际社会中获得一定的地位，不但要发展民族经济，还必须拥有独立的民族文化和民族精神。

我国有着悠久的文化历史，在历史发展的过程中形成了以爱国主义为核心的团结统一、爱好和平、勤劳勇敢、自强不息的伟大的民族精神。井冈山精神、长征精神、延安精神、铁人精神、雷锋精神、焦裕禄精神、“两弹一星”精神、“九八”抗洪精神、抗击“非典”精神、抗震救灾精神、奥运精神、载人航天精神等，这些都是我国优秀民族精神在不同历史时期、重大历史事件中的具体体现。这些精神支撑着我们在艰难环境中经住了历史的考验，同时激励和鼓舞着所有华夏儿女奋勇前行。无数历史事实证明，当国家面临存亡兴衰和重大考验时，民族精神能够迅速唤起蓄积在民众心中的勇气和斗志，所有民众团结一心，众志成城，共克时艰；同时，每经历一次这样的重要时刻和重大事件，民族精神都会被进一步凝聚和激发，成为储存在民众心中的更大的力量。因此，优秀的民族精神是一个国家竞争力的重要支撑，这一点毋庸置疑。

随着经济体制改革的深入，市场经济所带来的负面效应在大学生中产生了一定的负面影响，如“金钱至上”的人生价值观、得过且过的生活态度、好高骛远的做事态度、自私自利的人生信条；还有一些大学生面对社会变革时期出现的下岗问题、就业困难问题等不能理性看待，对国家和民族缺乏信心，甚至发表一些言辞过激的不当言论，这些都动摇了民族精神。由此可见，对大学生开展中华民族精神教育十分必要且非常重要，这是增强政治认同的重要手段，也是增强民族创造力和凝聚力的重要途径。

（二）文化认同教育

当今世界各国的竞争不仅体现在经济、军事、科技等方面，还体现在文化方面，一个具有文化自信和高度文化认同的国家才具有高度的凝聚力和较强的创造力。我国之所以能够屹立在世界民族之林，与我国优秀的传统文化密不可分，培育民族精神，增强民族自尊心与自信心，其关键就是要解决文化认同问题，只有实现文化认同，才能在国民中培养出共同的信仰和情感，才能形成共同的价值观。文化认同的内容十分丰富，包括历史传统、传统风俗、价值观念、生活方式、语言文字等，对于我国而言，文化认同是指公民包含上述所有元素的中国传统文化的认同。

大学生是社会主义现代化建设的新生力量，是民族的希望，对大学生开展文化认同教育既是对我国传统文化的继承，也能够有效抵御一些文化入侵。大学生处于价值观形成的重要时期，加强对大学生的文化认同教育，对于引导大学生增强文化自信和民族自信，形成并自觉践行社会主义核心价值观具有重要作用。通过接受文化认同教育，大学生能够更加正确地认识中华民族的历史传统、文化积淀和基本国情，能够更加清晰认识中国特色社会主义特色道路的科学性和必然性，能够增强民族自豪感、认同感和归属感，提升凝聚力和创造力，从而以饱满的热情投入社会主义现代化建设的各项事业中，为中国梦的实现献出一份力量。

在各国文化交流不断加强的今天，加强我国各族人民对中华民族传统文化的文化认同和文化自信非常重要，这事关民族自尊、民族自信和民族自强，也事关我国凝聚力和创造力的提升。教育本身是一种文化活动，是传承我国优秀传统文化的主阵地，因而也是实现文化认同的重要渠道。当今，随着经济全球化和科技信息化时代的到来，青年大学生接触多元文化的渠道日益增多，时时感受到多元文化的交融和碰撞。高校应充分重视以优秀传统文化教育为主要载体的文化认同教育的重要性，科学搭建文化认同教育的内容体系，设置相应课程，撰写相关教材，提升教师的整体素质，提升大学生文化认同的整体水平。

（三）历史认同教育

历史是对人类社会过去的实践和活动，以及对这些事件行为系统地记录、研究和诠释。历史具有客观性，它以自己的方式存在，不可改变。中国历史是我国人民在历史长河中创造和积淀下来的具有民族标签的财富，加深国民的历史认同对于增强对中华民族的强烈情感和身份认同，以及增强民族自豪感和责任感非常重要，没有对民族历史的深刻理解和记忆，国家认同意识就无从谈起，因此，历史认同教育是国家认同教育中的一项重要内容。历史是一种“集体记忆”，它与民族心理和国家认同息息相关，作为一个中国人，只有了解了中国历史，才能够对我国现在的政治制度、中国特色的社会主义道理以及勤劳、勇敢、维护和平的民族特征有深刻的认识。

中国自古就有重视历史的优良传统，正所谓“欲兴其国，先明其史”。无数有识之士都认识到了历史文化与民族危亡的关系。我国有着悠久的历史，这是前人留给我们的一笔宝贵财富，观历史，可以明今事，我们可以从历史中获得经验，也可以获得教训，从而在我国的社会主义现代化建设中获得启发。然而，受当前一些急功近利思想和实用主义思想影响，学校教育中急功近利的思想和行为频频出现，很多人以“有用”与否作为进行教育判断和取舍的唯一标准，这种“有用”几乎等同于实际功用，尤其是短期之内的实际效用，因而是一种十分狭隘的观点。在这种观点的影响下，大学内的学科分为“有用”“无用”两类，课程分为“有用”“无用”两类，教学方法也分为“有用”“无用”两类，于是，历史教学便不被重视。当前高校各专业的课程设置中，历史教育占比较少，除去历史专业外，历史类的课程往往被安排在选修课中，填鸭式、满堂灌的教学方式占主导，这些都导致了大学生的历史知识贫乏、历史意识淡薄。历史认同教育在文化教育中具有十分重要的地位，对大学生实施历史认同教育能够激发大学生的爱国主义情感，从而促进大学生对历史文化的认同和政治认同。对于大学生个人而言，唯有加强对历史知识的学习，才能产生对祖国历史文化的敬仰，从而树立正确的世界观、人生观、价值观。

(四)语言认同教育

语言是人类进行沟通交流的表达方式，一般来说，每个民族都有自己的语言,语言是民族的重要特征之一。一个民族在长期的共同生产劳动和共同生活中,创造了本民族的语言,民众在使用民族语言进行沟通与交流的同时,民族情感逐渐加深。由此可见,语言是一个民族最重要的文化标志,增强语言认同是提升国家认同的基础。

这里提到的语言是指本民族语言,即母语。母语是民族文化的载体,学习母语,就获得了民族的文化基因,因此,加强语言认同教育必然会增强文化认同和国家认同。文化认同教育的价值不仅仅在于提高受教育者使用民族语言的技能,更加在于提升国民对民族文化的认同。中国的语言十分丰富,包括汉语在内的130种不同语系的语言,汉语是中华人民共和国法定的国家通用语言,承载着中国数千年的民族文化,汉语是中国人使用最广泛的语言,是中国几千年来、特别是秦汉以来历朝历代的官方语言,把汉语确立为全国通用语言,不仅是国家统一的需要,也是全社会进行跨区域、跨民族沟通,更好地进行现代化建设的需要。

改革开放以来,多种文化交融、碰撞,我们的视野愈来愈开阔,文化越来越多元,一部分人在这样的环境中由于缺乏文化主体意识,出现了盲目推崇外国文化,重视外语学习而忽视本民族语言的学习,在这样的现实情况下,必须提高对殖民文化和不良文化的入侵的警惕性,加强文化认同教育势在必行。

高等教育是以专业为基础的培养高级专门人才的教育,无论哪个专业,语言认同教育都应是其教育内容体系中必不可少的一个部分。2006年9月,中共中央办公厅、国务院办公厅发布了《国家"十一五"时期文化发展规划纲要》,在其中特别提到"高等学校要创造条件,面向全体大学生开设中国语文课"。之后,在高等学校内推进大学语文课建设的要求在各个范围和各个层次的会议中多次被提出,这一切都表明加强对大学生的语言认同教育对传承中华文化具有十分重要的作用,大学应承担起文化传承的责任与使命。大学必须加强对各个专业大学生的文化认同教育,将“大学语文”设为各个专业的通识课程,同时改进教学内容和教学方法,重视知识、能力、情感的三维教学目标,通过这些措施,一方面增强学生对本民族语言的理解能力和应用水平;另一方面在传承民族文化的同时,提升大学生对本民族语言的热爱,培养其对本民族语言的自豪感,从而增强民族自信和国家认同。

二、大学生国家认同教育的方法构建

如前所述,要增强一个国家的民族凝聚力,就必须加强对国民的国家认同教育。这是各国的共识,很多国家都对国家认同教育寄予了高度的重视,并确立了明确的教育目标。如美国把培养具有美国精神的公民作为国家认同教育的主要目标,在高等教育阶段,美国国家认同教育的具体目标是使学生热爱美国,形成对美国政治制度的忠诚,遵纪守法,成为有健全人格、掌握现代科学文化知识的积极进取的美国公民。法国国家认同教育的目标是让学生成为重人权、重自由、有责任感的国家公民。新加坡国家认同教育的目标是培养公民对国家的归属感和认同感。韩国国家认同教育重视培养韩国国民热爱和传承本国文化目标的实现。总之,各国都在自己政治、文化和历史传统的基础上确立了本国的国家认同教育目标,尽管内容不尽相同,但通过教育来提升国民的国家认同感却是高度一致的。

在大学生国家认同教育的方法构建方面,我们可以在总结自己以往成功经验的同时,积极学习国外成功的方法,在这里笔者提出以下几种方法。

(一)理论教育法

理论教育法是教育者通过说理传道,使学生明辨事理,提升国家认同的一种教育方法。理论教育法细分为两种:灌输和疏导。灌输是指教师通过讲解、报告等形式,系统地讲授政治、历史、文化、语言等方面的理论与知识,这种方法主要帮助学生解决“懂不懂”的问题。疏导是指教师通过讨论、对话等方式,引导学生明辨是非,确立正确的价值观念,从而提升学生的国家认同感,这种方法主要帮助学生解决“信不信”的问题①。

在对大学生进行理论教育时,要注意以下几点:首先,要保证平等的沟通基础,即教师不能以教育者的姿态居高临下,要耐心地进行说理和引导,这样才能获得学生的接纳,才能让正确的理论和观点真正进入学生内心。其次,要注意理论联系实际,即教师事实的理论教育不能是空中楼阁,而要与当代大学生的特点、学生的实际学习和生活密切联系,这样的国家认同教育才更能够引起学生的共鸣,才更能够取得实效。再次,要重视情感共鸣,即教师在以饱满的热情、坚定的信念唤起学生、感染学生,与学生在情感上产生共鸣,这样的理论教育才更具有感染力。

(二)榜样教育法

榜样教育法是用榜样人物的高尚思想、模范行为、优秀品德和卓越成就来感化、影响学生的一种教育方法。这里的榜样既可以是学生身边的直接榜样,也可以是通过文字和各种媒体传播的间接榜样。榜样是社会核心价值观的具体化、形象化和人格化,在大学生国家认同教育中具有示范、引导和激励的作用。

运用榜样教育法进行大学生国家认同教育时,首先,所选择的榜样应该具有先进性、时代性、典型性和生动性,能够引起学生的共鸣和效仿;其次,榜样应该是多层次的,即榜样不应是单独的个体,应该是一个体系,这样学生就能够体会到榜样是普遍存在的,自己学习的目标也是真实的,是通过努力可以达到的,在某个领域为国家做出突破性创新成果是国家认同的体现,踏踏

① 靳玉乐.现代教育学[M].成都:四川教育出版社,2015:274.

实实、兢兢业业做好自己本职工作也是国家认同的体现。再次，对榜样的宣传应是实事求是的，过分夸大、拔高榜样人物的行为，不仅难以激起学生对榜样的敬慕之情和效仿之意，还会使榜样失真，失去了教育的效果。第四，全方位指导学生对榜样的学习，学习榜样不能只停留在口头上，更要落实到学生学习、生活、实践的各个方面，这样才能够达到知、情、意、行的统一。第五，教师要以身作则。在学校教育阶段，教师是学生的重要他人，即便是在大学阶段，也依然如此。教师会对学生产生潜移默化的影响，因此，对大学生实施国家认同教育，教师首先应该成为国家认同的楷模。

（三）陶冶教育法

陶冶教育法是教育者通过创设有教育意义的情境和有教育意义的活动，使学生潜移默化地在思想、道德、价值观等方面受到感染、熏陶和陶冶的方法。陶冶教育法包括人格感化、环境熏陶和文艺熏陶三种方式。人格感化是教育者以自身的人格魅力和对学生的真挚情感对学生进行陶冶；环境陶冶是指利用优美的校园环境、优良的校风和班风等或创设教育情境，对学生进行潜移默化的影响；艺术熏陶是指运用文艺的教育作用进行陶冶，学生能够在欣赏文艺作品的过程中受到陶冶熏陶。

运用陶冶教育法对大学生进行国家认同教育时，首先，要精心选择与创设教育情境，这是获得成功的陶冶教育的关键，这种情景看似无意，实则有意，让学生在情境中自然地、不知不觉地受到教育。其次，陶冶教育要持之以恒，陶冶教育不是直接向学生提出要求，不是直接地说理教育，而是让学生在情境中慢慢被感染，认识逐渐深入，情感逐渐得到升华，持续地受到感染才能够取得预期的教育效果，如果陶冶教育断断续续，学生在情境中被激发出的情感就难以为继，甚至会降低接受陶冶教育的积极性。

（四）实践锻炼法

国家认同教育是知、情、意、行四位一体的完整的教育体系。国家认同的认知教育是国家认同教育的先导，它在一定程度上决定了大学生对国家认同的情感、意志和行为的方向、内容和程度。国家认同情感是对国家认同行为产生敬仰、对违背国家认同的行为的厌恶和憎恨，在进行国家认同教育时，只有触及学生的情感，才能取得较好的教育效果。国家认同意志是在具体情境中（尤其是在矛盾情境中）坚守国家认同的坚定信念和意志品质。国家认同行为是基于前者表现出的实际行动。国家认同认知、国家认同情感、国家认同意志和国家认同行为是相互联系、相互制约、相互促进的，任何一方面的缺失或不到位，都会对国家认同教育的整体效果产生消极影响。在国家认同教育中，四者的地位和作用不同，在具体实施中应强调行重于知、情重于知。

事实上，各国在国家认同教育中都十分重视学生的实践和切身体验，重视通过社会参与、实践活动来增强教育的效果。如美国、韩国等国家在实施国家认同教育时，会设置与学生生活十分贴近的教育活动，让学生在活动中进行实践，获得体验。日本、菲律宾等国非常重视劳动教育，劳动教育是一种实践活动，学生在从事美化环境、参加社区生产劳动和志愿性劳动的过程中，一方面获得劳动技能，另一方面树立对劳动的正确认识，并对劳动产生积极情感。此外，法国也十分重视实践锻炼法，让学生在实践的过程中提升国家认同感。

（五）自我教育法

自我教育法是学生在教育者的帮助下，主动地进行自主学习、自我反思、自我锻炼、自我监控等来提升自己修养的一种教育方法。这种教育方法倡导“以学生为中心”的教育理念，以启发式学习为主导，注重学生在实际情境中的亲身体验和认识获得。其最突出的优点是尊重学生的自主性，引导学生在活动中提升辨别能力和自主意识，实现自我发展。英国、美国等国使用这种教育方法的一些经验对我们开展大学生国家认同教育具有一定的启发意义。

比如，英国学校内部会成立“学校议会”，让学生参与学校事务的民主化，学生在活动中能够了解民主选举的程序并掌握相关技能。美国学校会组织学生参观法院、市长办公厅、市政厅，鼓励学生自发组织社团，学生在社团活动中能够发展自我，完善自我。法国则常常把学校、班级模拟成社会，组织“市长竞选”“议会辩论”等活动。

三、大学生国家认同教育的主体构建

大学生国家认同教育的主体是指在对大学生实施国家认同教育的过程中，所有能够发挥教育主体作用的方面。在学校教育中，教师是受一定社会委托对学生施加教育影响的专业人员，他们是社会主流价值体系的代表，通过教育教学活动实现教育目的，促进学生的发展，因此，在大学生国家认同教育中，高校教师是一个重要主体。从教育活动的构成要素来看，学生是受教育者，在学校教育中，学生接受有目的、有系统、有组织的教育，以学习和发展为主要目标。但学生是具有主观能动性的个体，在教育活动中，具有主动性、选择性、主体性和创造性，其在教育活动中的参与度、积极性和选择性在很大程度上影响着教育的实际效果，因此，在学校教育中，学生既是受教育者，又是自我发展的主体。基于这样的分析，笔者认为大学生国家认同教育的主体应包括两个部分，一是以教师为主体的高校教育者，二是大学生本身。

（一）加强教师队伍建设

习近平总书记在学校思政课教师座谈会上指出，青少年阶段是人生的“拔节孕穗期”，教师在这个时期起到关键作用。高校教师担负着向大学生传授知识、培育人格的重要责任，教师渊博的学识、自律自省的人格魅力都会对学生产生潜移默化的影响，会成为学生效仿的榜样。一方面，教师将历史知识、政治知识、文化知识等通过教学活动传授给学生，使学生获得关于国家认同的系统知识；另一方面，教师在教育教学活动中会自然流露出自己对祖国的热爱和忠诚，并通过自身的言行对学生产生隐性的教育影响，从而引导大学生树立积极的、符合社会主流价值观的价值观念。由此可见，高校教师在大学生国家认同教育中的作用是无可替代的，加强教师队伍建设，发挥高校教师的榜样作用应是高校各项工作的一项十分重要内容。

首先，要加强高校教师的理论素养。理论是行为的先导，在大学生国家认同教育体系中，国家认同认知处于最为基础的地位，教师作为实施国家认同教育的主体，要提升自身的理论素养，这不仅是提升教师专业技能和专业化发展的要求，也是正确向学生传递国家认同知识、取得良好国家认同教育效果的基本要求。

其次，要发挥高校教师的人格魅力。教师的人格魅力能够感染学生，能够在国家认同教育中对大学生产生一种感召力量，有利于学生国家认同积极情感的激发。比如教师表现出的对祖国大好河山、悠久历史文化的热爱，对民族统一、国家兴盛的渴望，对保护环境、珍惜资源的热忱，这些都是一种潜在的教育力量，能够对学生产生潜移默化的影响。因此，教师在大学生认同教育的过程中以及自己的日常生活和工作中，都应该以身作则，为大学生树立良好的榜样。

（二）提高学生自我教育的主体意识

大学生既是国家认同教育的客体，也是国家认同教育的主体，加强大学生国家认同教育的主体作用，首先就要激发其自我教育意识。大学生自我教育的主体意识并不是与生俱来的，而是在个体与社会的实际相互作用的过程中逐渐产生的。只有当大学生具有自我教育意识时，他们才能够充分发挥出主观的作用，积极开展自我教育。

那么，在大学生国家认同教育中，应如何激发大学生自我教育的主体意识呢？首先，引导大学生认识自我教育的重要性。相对于家庭教育、学校教育和社会教育而言，大学生的自我教育具有明显的内省性特点，学生能够对不同时期的自己进行纵向比较，加强反思，这种内省性的教育对于学生的发展至关重要。其次，激发大学生进行自我教育的信心。自信心是大学生进行自我教育的必要条件，教师应鼓励大学生通过学习、实践等方式进行自我教育，并重视大学生自我教育的成功经历，通过鼓励、表扬等积极的强化措施增强大学生自我教育的信心。

再次，对大学生进行国家认同教育时，应重视分层性原则，即根据不同年级学生的特点，精选国家认同教育的具体内容和教育方法，以此激发学生自我教育的积极性，并增强自我教育的实际效果。除此之外，教师在指导大学生国家认同教育的自我教育时，还应重视培养大学生的客观意识。高校教师应引导大学生以发展的观点客观看待我国的社会形态、政治制度、文化传统、历史过程和民族语言，理性看待当前的全球化发展，在尊重文化多元发展的基础上，加强民族自信、文化自信、历史自信、语言自信，认识到自己的人生目标和发展规划与国家的发展息息相关，能够全面掌握我国社会主义事业发展的战略部署和方针政策的要求，自觉投身到社会主义事业的建设中来①。

第二节　大学生国家认同教育的联动机制

大学生国家认同教育是一个系统工程，提升大学生国家认同水平，必须形成共识、多管齐下，形成合力，国家、高校、家庭、社会在大学生国家认同教育中都各自担负着重要的使命，同时这几个方面并非泾渭分明，而是相辅相

---

① 李妍.大学生思想政治教育中自我教育路经研究[D].北京工业大学,2020.

成的关系，加强大学生国家认同教育，必须构建起国家、高校、家庭、社会四位一体的联动机制。

一、巩固实力立国：大学生国家认同教育的基础

实力，是指一个国家的综合能力。当今，国家之间的竞争实质上是实力的竞争，一个国家只有不断提升自己的实力，才能够更好地解决生存和发展问题，从而赢得国际社会的尊重和国民的认同。

实现实力立国，首先要实现强国。一个强国，在经济上具有雄厚的实力，经济发展速度稳步提升，能够不断进行科技创新以抵抗自然灾害、预防疾病，在国际社会中具有重要的影响力；在政治上，能够让人民享有充分的民主权利和政治自由，社会和谐有序，人民安居乐业；在公共事务管理上，能够兼顾效益与公平，实现社会财富的合理分配；在军事上，有强大的军事力量，能够抵抗外来侵略，保卫本国领土完整；在文化上，有本国和新的价值观体系，在国际上具有文化影响力①。当前，我国经济发展水平逐年快速增长，综合国力不断提高，创新能力不断提升，在各个领域不断作出新的突破，有些领域已经达到国际领先水平，中国在国际社会中的地位和作用越来越重要。

党的十九大报告指出，随着中国特色社会主义进入新时代，我国社会的主要矛盾已经转化为人民日益增长的美好生活需要和不平衡不充分的发展之间的矛盾。我国稳定解决了十几亿人的温饱问题，总体上实现小康，不久将全面建成小康社会，人民美好生活需要日益广泛，不仅对物质文化生活提出了更好的要求，而且在民主、法治、公平、正义、安全、环境等方面的要求日益增长。同时，我国社会生产力水平总体上显著提高，社会生产能力在很多方面进入世界前列，更加突出的问题是发展不平衡不充分，这已经成为满足

---

① 杜兰晓. 大学生国家认同研究[D]. 浙江大学，2014.

人民日益增长的美好生活需要的主要制约因素。

由此，我们可以看到，我国社会主要矛盾的变化是关系全局的历史性变化，对党和国家工作提出了许多新要求，我们要在继续推动发展的基础上，着力解决好发展不平衡不充分的问题，大力提升发展质量和效益，更好地满足人民在经济、政治、文化、社会、生态等方面日益增长的需要，更好推动人民的全面发展、社会的全面进步。

历史经验告诉我们，解决社会主要矛盾的关键在于建立高效的政府和政党。政府和执政党在多大程度上能够赢得人民的认同，取决于党和政府所具备的素质和能力，这些素质和能力集中体现为党和政府领导经济建设、维护社会稳定、推进依法治国等方面的能力上。对于我国而言，只有建立起廉洁、高效、民主、法治的服务型政府和立党为公、执政为民的清廉型马克思主义政党，才能培育大学生对党和政府的信任感和依附感，才能使大学生自觉地将个人利益与国家利益紧密结合起来，自觉投身于中国特色社会主义的伟大事业中去。

第一，要打造新型服务型政府。2006 年党的十六届六中全会通过的《中共中央关于构建社会主义和谐社会若干重大问题的决定》中首次明确提出，“建设服务型社会，强化公共服务和社会管理职能”，这种新型的服务型政府应具备以下几方面的特征：坚持民主与法治的原则，实施程序正当；积极搭建网络问政平台，信息公开透明，畅通群众的诉求表达渠道；转变政府职能，精简政府机构，简化审批制度，提高工作效率；提高公民对政治和其他公共生活的参与能力，通过网络议政、民主评议政府，以及政府工作听证会等，为民众提供更多表达与选择的机会①。

---

① 庚建凤. 多元文化视角下的大学生国家认同教育研究[D]. 青岛大学，2016.

第二，加强党风廉政建设。中国共产党是我国的执政党，党员干部是国家干部队伍的模范典型，中国共产党及其党员队伍的形象如何将直接影响大学生国家认同的水平，影响大学生对国家和政党的认可度、信任度和忠诚度。为此，我们党必须始终坚持解放思想，大胆改革创新，坚持以人为本、执政为民，对人民群众普遍关心的问题给予高度重视的同时，真正起到核心引领作用。

我们党还必须坚持党要管党，从严治党，加强反腐倡廉建设，党的十八大报告中指出要“坚定不移反对腐败，永葆共产党人清正廉洁的政治本色”。在这样的明确指引下，党的廉政建设成效显著，包括大学生在内的全国人民对建设学习型、服务型、创新型的马克思主义政党也充满了信心。

二、创新教育途径：大学生国家认同教育的前沿阵地

（一）完善课程设置，创新教学内容与方法

思想政治教育课程是帮助大学生了解国家历史、文化、政策的主要渠道，也是提高大学生国家认同的重要途径。当前，在思想文化多元化、利益关系多样化的现实背景下，加强对大学生进行思想政治教育，对于其确定正确的政治方向和人生方向，形成正确的世界观、人生观和价值观至关重要。因此，高校必须完善思想政治教育的课程体系，以此提高大学生国家认同的水平。

首先，高校应适当提高公共必修课中思想政治理论课所占比重，并在学时和学分上给予保障，这样能够提高教师和大学生对思想政治理论课的重视程度。

其次，高校可根据学校的实际情况和学生的实际特点与需求，开设有关汉语言文学、历史学、传统文化等选修课程，这样既能扩展学生的知识视野，还有利于帮助学生对中国的历史、文化和语言有一个正确的认识，从而牢固树立马克思主义的国家观、民族观、历史观和文化观，激发民族自豪感和自信

心，提升对国家的认同。

再次，在讲授思想政治理论课时，要注重发挥隐性课程的功能，将理论知识的灌输与情感激发相结合，将理论知识与学生的学习、生活实际相结合，从而充分调动学生参与学习的主动性和积极性，真正发挥学生的主体作用。

最后，在教学环节的设置方面，应增加社会实践活动和实践教学环节的课时比重，如组织学生参观革命纪念馆、浏览名胜古迹、欣赏国家建设的成果展示等，让学生能够身临其境，真真切切感受社会主义制度的优越性、中国共产党的伟大、祖国的强大，这些措施既有利于将理论与实践相结合，帮助学生深化知识，同时能够激发学生的情感共鸣，为自己是一个中国人而骄傲，为国家的强大而自豪，提升对国家的认同感和忠诚度。

（二）培育校园文化，提升高校文化育人功能

良好的校园文化对大学上升的人生观、价值观、道德观念等具有积极的导向作用，文化具有育人功能，高校培育优良的校园文化，有利于促进大学生国家认同感的培养。

第一，要树立校园文化创建全员观。校园文化建设是一项系统的工程，需要依靠全校师生的共同努力。具体来说，这里的“全员”重点包括三类人群：高校管理者、高校教师和大学生。高校管理者和教师是学校教育的引领者，在校园文化的建设过程中富有全面把握和全面实施的责任，高校管理者应充分考虑学校的办学历史、办学类型、办学层次、学科专业特点、地方特点、人才培养目标等对校园文化进行全面设计，并将校园文化的建设纳入学校发展的整体规划中。

同时，激发全校师生参与校园文化建设的积极性；高校教师应充分利用自己的专业优势和智力资源，为校园文化的建设建言献策，贡献自己的一份力量，并在教育教学过程中，确保自己的言行符合校园文化的价值理念，向学

生传递积极的信息,给学生创建一个良好的榜样;学生也是校园文化建设的主体力量,他们对学校的认同表现出的专业自信,以及日常中的一言一行都能够成为学校的标签,也是验收校园文化建设成效的重要标准。因此,培育良好的校园文化,需要加强高校管理者、高校教师和大学生之间的交流、协商与合作,只有这样才能发挥校园文化积极的导向作用和文化育人功能。

第二,要注重校园文化环境建设。校园文化环境的内容广泛,如校园建筑、校园人文景观、学生宿舍等都是发挥校园文化育人功能的重要载体。因此,高校应加强校园文化的环境建设,如通过建立校史馆,提升学生对高校的认同和专业自信,激发努力学习内生动力;通过建设与高校历史或高校特点相关的人物雕塑或具有象征意义的抽象雕像,为学生树立学习的榜样、提供前进的精神动力,从而使学生的思想和行为与学校的价值导向保持一致;通过设立板报、橱窗、校报、校园广播等校内宣传平台,为宣传时事政治和社会主义核心价值观提供途径,使学生耳濡目染、潜移默化地受到良好的熏陶,从而增强大学生的时代感、使命感和自豪感。

第三,丰富校园文化活动。校园文化活动是培育校园文化的重要途径,高校应把握重点的时间节点,组织主题鲜明、形式多样的校园文化活动,具体时间节点包括国家重要纪念日、重要节日、校庆日、新生入学典礼、毕业生毕业典礼等,学生声能够在活动中获得最直观的感受,从而加深认知,情感也能得到升华。在组织校园文化活动时,要充分发挥典礼仪式的作用,如升国旗、唱国歌仪式,校园活动开幕式、闭幕式,荣誉表彰大会等都是能够提升学生集体荣誉感和归属感的重要方式。

此外,高校内各式各样的学生社团组织也是校园文化建设的重要领域,高校应严把社团组织审核关,一定要杜绝纯娱乐化和庸俗化的社团活动,积极培育能够体现专业特色、社会实践、志愿服务等的社团建设,这样的社团对学生具有积极的引领作用，学生在参与活动的同时，专业自信得到了提升，社会责任感也能够不断增强。

（三）提升教师素质，提高大学生国家认同教育水平

在一切学校教育活动中，教师是教育者，对大学师生进行国家认同教育同样离不开教师的正确引领和指导。

第一，要提高思想政治理论课教师的整体素质。思想政治理论课教师是我国社会主义意识形态的坚守者，是党的路线、方针、政策的传播者，他们的理论素质、教学能力和科研能力对大学生国家认同感的形成与发展具有直接的影响。高校应重视思政教师的队伍建设，鼓励教师多参加社会调研和科学研究，提高理论素养和从事科学研究的能力；作为一名教师，不断提升自身的教学能力和教学水平是教师专业发展的永恒主题，思想政治理论课教师应具有从事教学内容创新和教学方法改革的主动性、积极性和魄力，通过参加培训、自学、课程进修等方式，更新教学理念、完善教学内容、改善教学方法、提升教学效果。高校应鼓励教师积极参加教学研讨和学术会议，并为教师提供更多的、形式多样的学术交流机会，教师理论素养、教学能力和科研水平的提升，对提升大学生国家认同教育的实效具有十分重要的促进作用。

第二，要充分发挥辅导员的指导作用。对大学生思想动态和日常生活的指引是高校辅导员的一项重要工作，辅导员要充分发挥好榜样示范作用，对大学生的职业生涯规划和人生目标作出正确的指引，帮助大学生树立正确的人生方向和人生信仰；同时，辅导员还应密切关注大学生的发展特点，了解当前大学生的年龄特征、思想现状、专业特点、班级氛围等，加强与大学生的沟通和情感交流，通过组织丰富的班级活动，建设积极的班级文化，在班级中形成积极、努力、奋进、团结的价值导向，为大学生的健康发展创设良好的班级氛围。当然，辅导员对大学生的积极引导必须以良好的师生关系为前提，辅

导员必须要善于与学生谈心，真正走进学生内心，只有这样，辅导员传递出的思想和观念才会被大学生所接纳和认可。

三、三方协同育人：大学生国家认同教育的合力发挥

教育是一项系统化的工程，家庭教育、学校教育和社会教育是这个系统中不可或缺的重要组成部分。因此，培育大学生国家认同意识和国家认同感也不可能只依靠高校一方的力量，家庭和社会也必须积极参与进来，承担各自所应当担负起的责任。在大学生国家认同教育中，高等学校是主阵地，课堂教学是主渠道，对大学生国家认同认知、国家认同情感、国家认同意志和国家认同行为起着直接的促进作用，在大学生国家认同感提升的过程中起着主导作用。

家庭是影响大学生观念和行为的一个重要场所，对大学生的发展具有持续一生的影响，教育者应具有重视家庭教育的观念，在大学生国家认同教育中，良好的家庭教育一方面为提高大学生道德素养、养成良好文明习惯奠定基础；另一方面能够固化学校教育的成果，并使大学生在高校获得的国家认同教育影响在家庭生活以及社会生活中互动而延伸。

社会是影响大学生发展的一个十分广泛的环境，良好的社会风尚能够为大学生国家情感的培养营造健康良好的氛围。因此，在大学生国家认同教育的过程中，必须重视学校教育、家庭教育、社会教育的功能，并使这三者相互渗透、相互补充，从而发挥教育的整体功能，最终取得理想的教育效果。

（一）加强高校与学生家庭的有效沟通

学生发展是学校教育和家庭教育的共同目标，促进学生发展是学校教育和家庭教育的交汇点，然而在高等教育阶段的家校沟通方面，当前还存在诸多误区。

第一，有的家长认为大学生已经进入成人阶段，能够独立地处理自己的

学习和人际交往等活动，家长不必再像中小学阶段事无巨细，甚至无须过多过问，因此，对学生在大学中的思想、观念、规划、交友等情况都不甚了解。

第二，有的家长认为大学阶段的学习是专业学习，大学生的学习由大学负责，家长无力提供帮助，也无须提供帮助，加之大学生大都在异地就读，有的家庭便将教育学生的责任全盘推给高校，家庭的教化作用没有得到足够的彰显

第三，高校中教师既要从事教育教学工作，又要从事科学研究工作，加上日常行政工作，有的高校教师便忽视了与学生家庭的沟通。以上这些误区都在一定程度上影响了大学生国家认同教育的效果。加强大学生国家认同教育，必须加强高校与家庭的沟通，双方互通信息，全面了解大学生当前的思想、学习和生活状况，从而形成大学生国家认同教育的合力。

高校应在学生入学之初就为每个学生建立学生家庭信息档案，档案管理应实现动态化。每学期末，高校向家长发放学生本学期的高校反馈信息卡，使家长全面了解学生在本学期在校期间的真实表现；学期初，高校要向家长收集家庭反馈信息卡，从而了解学生在假期的思想、学习和生活情况。这样，通过书面文字的方式建立起高校与家庭之间的关系，从而为每一名大学生找到下一学期的教育目标，明确教育重点，制定教育措施。

高校建立与家庭的网上联系通道，以此作为书面沟通的补充。网上沟通具有实时、快速、高校的特点，同时可以将学生在校的表现以图片、视频的方式记录下来并向对方传递，这能够让家长及时了解学生在校的表现情况，及时监督和督促学生，从而为高校的教育工作起到辅助作用。

高校定期组织召开家长会，向学生家长汇报学生的在校表现情况，同时传递正确的教育观念，对家长提出教育期望。家长会的组织方式可以是面对面的，也可以借助网络召开线上家长会，具体形式应根据学生家庭所处的地域位置和具体需求灵活选择。此外，高校教师还可以开展假期“大家访”活

动，鼓励辅导员到学生家庭中走访，了解学生及其家庭的真实情况，并让家长积极参与大学生的教育管理工作，同时赢得家长对高校教育工作的理解和支持。

高校可视具体情况开办家长学校，向家长传递有关教育学、心理学、高校人才培养目标、社会对人才的需求等方面的知识，提升家长的素质，提高其教育子女的水平，从而充分发挥家庭教育在大学生国家认同教育中的积极作用。

（二）积极建设大学生国家认同教育基地

虽然社会教育与学校教育是两种不同的教育形态，但在学生的发展过程中都起着积极的推动作用。在加强大学生国家认同教育的过程中，应充分发挥社会教育的作用，深挖其教育因素。社会实践活动是大学生教育过程中的一个重要环节，是培养学生情感、增长学生能力、将理论知识与社会实践有效融合的必要环节，在增强大学生对社会的认知、了解国情、个性化发展等方面具有不可替代的作用。在培养大学生国家认同感的教育中，充分发掘社会环境中的有利因素建立稳健的国家认同教育基地，应是加强学校教育和社会教育的有效沟通的一个切入点。

第一，当地政府和社会组织应积极参与高校的大学生国家认同教育中来，将对大学生有教育意义的社会组织建设为大学生国家认同教育基地，如驻地解放军部队、敬老院、特殊教育学校、革命纪念馆、历史发展规划馆、历史博物馆等，这些社会组织是教育大学生的活教材，高校一方面可以直接加强与这些社会组织的联系，充分发挥它们教育作用；另一方面可以争取政府的重视和支持，为与这些社会组织的沟通合作建立起一个长效机制，并获得政策、经费上的支持，最终依托这些社会组织建立起长久的大学生国家认同教育基地。

第二,高校可以依托已建成的大学生国家认同教育基地,经常性地举办大学生社会实践活动,通过学生的亲身感受和实地调查,进一步了解中国的国情、改革开放以来国家在各个领域发生的变化,从而坚定政治信仰、社会主义核心价值观,激发自身的民族自豪感和自信心,从而增强对国家的认同感和忠诚度。学生在这种实践活动中获得的认知和情感更加长效和持久,这样的教育效果比单纯的理论说教更加生动,更加深刻。在社会实践过程中,高校教师要引导学生加强与各领域社会劳动者之间的交流,须尽其对劳动和劳动者的积极情感,从而培育大学生热爱劳动、脚踏实地、谦虚认真的态度和品质。

第三,高校应积极邀请社会各界的知名人士和成功人士走进大学校园,开展主题讲座,将他们的真实经历作为教育学生的活的教材,从而使学生认识到热爱祖国、尽职尽责是各个领域先进人物的共同特征,无论正在学习哪个专业,将来身处什么样的工作岗位,都应该树立远大的理想和立志报效祖国的决心。

(三)搭建大学生国家认同教育的网络教育平台

现代社会,互联网已成为人们工作和生活的一个重要组成部分,对于大学生而言,互联网具有很强的影响力和吸引力,其开放性、交互性和及时性更符合当前大学生的特征和需求。因此,在培育大学生国家认同感的教育中,也应利用好互联网这一重要阵地。

第一,政府应积极引导各类网络门户建立有关国家认同教育的宣传网站,充分利用好网络优势,抢占网络宣传点,坚守宣传阵地,争取网络国家认同教育的主动权。同时,以网络为媒介,鼓励广大媒体单位和个人关注有关国家认同教育的先进人物和先进事迹,借助网络对其宣传,使先进的人物形象和正面的声音深入人心。

第二，高校应加强校园网的建设，将国家认同教育作为校园网的一个板块，或将国家认同教育的内容渗透到校园网络的宣传中，同时围绕社会主义核心价值观，充分利用官方微博、微信公众号等网络平台将国家认同教育的思想和内容推送到大学生面前，从而使大学生在潜移默化中提升对国家的认同感和信任度。对于网络上的虚假信息、谣言和偏激的言论，高校应及时掌握事件的真实情况，对学生做出理性、正确的引导，避免出现网络舆情。

总之，社会和高校都应抓住每一次重大事件，并以此为契机，借助网络媒体号召公众和大学生积极参与，通过国家认同教育的主题教育网站或客户端，促进大学生正确掌握有关中国历史、文化、人文等方面的知识，培育爱国主义情操。同时，在网络教育的宣传中，加强网络监管部门对网络安全的监管力度，及时有效地剔除各种不健康、不属实的信息，消除网络不良信息对大学生思想的腐蚀和误导。

第三节　大学生国家认同教育的评价机制

大学生国家认同教育的评价机制是教育机制的下位概念，它是指保证高校大学生国家认同教育评价活动的有效进行，使其功能得以实现的构造及其运行原理。完善的大学生国家认同教育评价机制对高校国家认同教育活动的开展具有重要意义。

首先，完善的大学生国家认同教育评价机制具有导向功能。“导向”，即引导方向，意指其在高校大学生国家认同教育中充当指挥棒的角色，为国家认同教育的开展指明方向、明确要求、激励反馈，从而促使高校大学生国家认同教育按照科学的理念和标准有序进行。

其次，完善的大学生国家认同教育评价机制具有协调功能。当前，国际上各种社会政治思潮、经济思潮和文化思潮对大学生的思想和观念产生了不同程度的影响，科学设定高校国家认同教育评价的价值取向、评价主体、评价标准和评价方法，能够使高校国家认同教育活动更加灵活地适应外部环境的变化、发展与挑战。

再次，完善的大学生国家认同教育评价机制具有激励功能。大学生国家认同教育评价机制通过对高校国家认同教育活动过程和结果的鉴定和诊断，引导教育活动的有效发展。具体来说，大学生国家认同教育评价机制一方面鼓励国家认同教育评价者选取最优的评价方式来实现预期的评价目的，以推动大学生国家认同教育评价的发展和进步；另一方面通过评价发现大学生在国家认同方面存在的问题，进而激发学生的潜能，使学生更加积极、主动地提升对国家的认同感。

一、创新大学生国家认同教育评价的动力机制

根据心理学的观点，需要产生动机，动机激发行为，人在动机这种内在动力的影响下，就产生了种种行为。无论何种行为，最终的目的都是为了满足需要。鉴于此，对需求的满足就成为激发人们做出某种特定行为的激励因素，所以，激励就要考虑人的需求，满足人的正当需要。

高校大学生国家认同教育评价的动力就来源于对高校大学生国家认同教育进行评价的需要，这种需要是多元化的，原因在于在高校大学生国家认同教育中各利益相关者多元化的价值诉求，创新高校国家认同教育评价的动力机制，就需要承认高校大学生国家认同教育中各利益相关者合理价值诉求的正当性①。

---

① 陆启越. 高校德育评价范式转换研究[D]. 湖南大学，2018.

大学生既是国家认同教育的对象，又是国家认同教育的主体，大学生能否充分认识高校国家认同教育评价的目标，对于规范大学生行为，促进大学生国家认同感发展至关重要。在高校大学生国家认同教育的评价活动中，应充分调动大学生参与的积极性，这就需要高校充分激发大学生在国家认同教育中的主体性，使其拥有参与国家认同教育评价的持久性内生动力。

从本质来看，国家认同源自于个体的主观认知和内心信念，它是一种主体性的行为，需要个体具有国家认同的自觉，产生一种国家认同的自律。高校大学生国家认同教育评价是一种外在于学生自我评价的他评，要使其真正产生良性实效，不能仅仅依靠外在的强制和约束，必须从内部激发学生国家认同的主体性，培养学生对国家认同的主体意识和产生国家认同的真实行为。

因此，高校必须在一定国家认同价值目标的指引下，创新形式和手段来激发大学生国家认同的需要和动机，从而激发大学生的国家认同行为。高校大学生国家认同教育评价的动力机制有助于激发学生的国家认同需要和情感，促使其不断深化国家认同的认知、产生国家认同的信念和习惯，从而使大学生对国家政治、历史、文化、语言的认同成为一种内心的需求，并在不断提升国家认同感的同时不断发展自我、完善自我。

二、完善大学生国家认同教育评价的运行机制

运行机制是高校大学生国家认同教育评价机制的运行主体，是高校大学生国家认同教育评价过程中负责运行的部分，具体包括评价主体、评价标准和评价方法。

第一，确立多元化的评价主体。高校大学生国家认同教育是一项复杂的活动，需要多方主体共同参与，这就决定了高校大学生国家认同教育的评价主体也应该是多元化的，具体包括大学生及其家长、用人单位、社区，还有高

校本身，各方主体共同参与的评价能够有效避免单一主体评价的片面性，能够突破单一主体认识的局限性，从而最终提高评价结果的客观性和有效性，大大提高高校大学生国家认同教育评价结果的信度和效度。

第二，建立多维度的评价标准。评价标准是评价活动的价值尺度和界限，是一种评价的价值观，是评价的准绳和标尺。大学生国家认同教育评价的标准是大学生国家认同教育评价的基础，优化评价标准对提升评价结果的有效性至关重要。大学生国家认同教育是一项复杂的社会活动，其有效性受多种因素的影响，而作为国家认同教育对象的大学生，是有意识、有需求的人，因此在建立大学生国家认同教育评价标准的时候，必须以一种开放的态度，多角度、多侧面、多层次地收集大学生在国家认同方面的信息，只有多元化的评价标准才能够满足多元发展的需要。

第三，重视定性评价的评价方法。在众多评价方法的分类中，定量评价和定性评价是一种比较常见的分类方法，前者是指主要依靠数字或量度为主要依据的一类评价方法，后者是指主要依靠文字描述来对事物作出衡量和判断的一类评价方法。在大学生国家认同教育评价方法的选择上，我们更加主张重视定性评价的评价方法，即不对大学生在国家认同方面的表现做出对与错、优与差的简单定性。

大学生对国家的认同是一种基于情感的综合性活动，单纯以分数评价的方法不能够反映这一复杂活动的全部过程，因此，在评价时要更加重视大学生对国家认同的理解、认知，以及在国家认同教育中的感受，鼓励在评价者和被评价者之间建立起一种良性的互动关系，在确定采用的具体评价手段时，必须以尊重大学生国家认同的个体经验为核心。但这并不意味着对定量评价方法的全盘否定和排斥，在选择大学生国家认同教育的评价方法时，应更多地采用定性的评级方法，同时结合定量评价方法，以此实现大学生国家认同教育评价的科学性和人文性的统一。

三、建立大学生国家认同教育评价的约束机制

大学生国家认同教育评价机制建设是一项系统工程，监督约束机制的建立是这个系统工程中的一项重要内容。大学生国家认同教育评价是过程性评价与结果性评价的结合，重点强调过程性评价。结果性评价是大学生国家认同教育阶段性教育活动结束后的一种评价，是一种事后评价；过程性评价虽然贯穿在教育过程中，但相对于具体教育活动和教育环节，依然具有一定的滞后性。

所以，如果缺少对大学生国家认同教育过程的约束和监督，就必然会导致评价主体与评价客体的信息不对称，从而影响评价结果的客观性和有效性。如前所述，我们主张构建大学生国家认同教育评价机制，是评价主体多元化、定量评价与定性评价相结合、他人评价与自我评价相结合、静态评价与动态评价相结合的一种新型评价机制，这一机制如果缺少了强有力的监督约束机制，大学生国家认同教育评价就难以顺利、有效将开展。

高校大学生国家认同教育评价机制应是一种非强制性的自我约束机制和强制性的制度约束机制的有机结合，二者相互作用，相互依存，共同对高校大学生国家认同教育评价主体的评价活动和评价过程进行监督和制约。如果缺少了这样的监督约束机制，高校大学生国家认同教育的评价活动就缺少了良好的运行环境，也缺少了政策支持，这就必然会导致高校大学生国家认同教育评价无法真正实现主体多元化、评价过程化、方法定性化、结果科学化。

然而，当前高校大学生国家认同教育的评价机制比较薄弱，而评价机制中的监督约束机制更是短板，建立大学生国家认同教育评价的监督约束机制是当前高校急需解决的一个重要问题。在建立约束监督机制时，高校应将各

方相关主体的监督纳入进来，包括学生监督、高校领导监督、社会监督、家长监督等；同时将不同渠道的监督纳入进来，包括传统媒体监督和现代网络媒介监督。最后将来自各方主体和各种渠道的监督信息汇集起来，结合实际情况作出全面、客观的分析，从而精准掌握高校大学生国家认同教育评价的全部信息，从而为大学生国家认同教育的持续开展和改革创新奠定基础。

第四节　大学生国家认同教育的保障机制

大学生国家认同教育的顺利实施需要良好的外部环境和内部环境，具体到大学生国家认同教育的机制建设中，就体现为大学生国家认同教育的保障机制。我们将与营造外部良好环境相对应的保障机制看作宏观层面的保障机制，主要是指国家为促进高校大学生国家认同教育有效开展提供的一系列保障措施；将与营造内部良好环境相对应的保障机制看作微观层面的保障机制，主要是指高校为促进本校大学生国家认同教育有效开展所建立和实施的一系列保障措施。

一、大学生国家认同教育的宏观保障机制

大学生国家认同教育宏观层面保障机制的内容包括国家政策保障、物质投入保障和社会支持保障。

首先，大学生国家认同教育是国家公民认同教育的一个重要组成部分，国家制定并出台的相关政策是高校开展大学生国家认同教育的政策依据和“指挥棒”，同时能够给高校提供一个良好的政策环境。

其次，大学生国家认同教育的开展需要优良的师资队伍、完备先进的教学设施、比较充足的物质投入，这些都需要有教育专项经费的保障，因此，开

展大学生国家认同教育离不开国家相关部门的财政投入。

再次,教育是社会大系统中的一个子系统,受政治、经济、文化、人口、科技等因素的制约,高校大学生国家认同教育作为以培育大学生国家认同感为特定目的的一种教育活动,同样会受到各种社会因素的制约,高校是开展大学生国家认同教育的主阵地,为了保证高校开展大学生国家认同教育的实效,国家和地方也应积极建立起社会支持系统,帮助高校获得多方面的社会支持力量。

（一）国家政策保障

习近平总书记指出:“办好教育事业,家庭、学校、政府、社会都有责任。”学校教育、家庭教育和社会教育都是开展大学生国家认同教育的不同渠道,尽管这些渠道的教育特点和实施过程不尽相同,但在促进大学生国家认同感提升这一本质问题上的价值确实相等的,他们在大学生国家认同教育的实施过程中相辅相成,互为补充。

《中共中央关于进一步加强和改进学校德育工作的若干意见》提出,德育要把学校、家庭及社会等资源整合起来,使得对学生德育工作的培养能够心往一处想,劲往一处使①。中共中央国务院出台的《关于加强和改进新形势下高校思想政治工作的意见》中也明确提出,高校要把思想价值引领贯穿教育教学全过程和各环节②。高校是实施大学生国家认同教育的主阵地,因此,国家对大学生国家认同教育提供的政策保障,首先应是对高校的政策保障,同时,对大学生国家认同教育中家庭教育、社会教育的政策保障也不能忽视。

1. 为高校大学生国家认同教育的实施提供政策保障

为高校大学生国家认同教育的实施提供政策保障,从根本上来说,就是

---

① 中共中央. 关于进一步加强和改进学校德育工作的若干意见[J]. 中国高等教育,1994(10):5-8.

② 中共中央国务院. 关于加强和改进新形势下高校思想政治工作的意见[N]. 人民日报,2017-02-28(2).

要贯彻党的教育方针,坚持马克思主义和中国特色社会主义思想,坚持社会主义办学方向,落实立德树人的根本任务。这是一项非常宏观的政策保障,具体来说,可以着重从以下几个方面为高校大学生国家认同教育提供政策保障。

第一,鼓励高校开展大学生国家认同教育。在政策中明确强调大学生国家认同教育的价值与意义,将其作为高校教育教学工作中的一项重要内容,明确高校大学生国家认同教育的目标、任务、内容、途径与方法,从而提高高校对大学生国家认同教育的重视程度,同时为高校大学生国家认同教育的开展指明方向。教学与科研是高校的两项重要工作,二者缺一不可,相互促进。

一方面,在教学中遇到的新问题和发展困境等,可以通过科学研究得到解决;另一方面,高校教学为高校科研提供了土壤和现实依据。为了更好地促进高校大学生国家认同教育的实施,应通过政策鼓励和引导高校领导者和一线教师开展与大学生国家认同教育相关的课题研究,也可以让有志于从事这方面研究的学生参与进来,这样既提高了大学生的科研能力,也能够使大学生在从事相关科研的过程中,进一步深化对国家认同的认识,提高对国家的认同感。

第二,鼓励高校举办有关大学生国家认同的实践活动。有研究表明,在实践活动中,大学生的国家认同感和荣誉感会大幅提升。因此,高校可以把握好重要的时间节点,在活动中融入国家认同教育的内容,激发学生的爱国情感和民族自豪感。比如,学生在国旗升起时,会对国旗和祖国肃然起敬;在奏唱国歌时,民族自豪感和使命感会油然而生;在国庆节的主题班会等相关活动中,会对革命先辈产生敬仰之情,同时会加深对国家历史的记忆;在举办歌颂祖国的诗歌比赛中,对民族的记忆被重新唤起,对国家的热爱会骤然提升。这些实践活动相较于理论说教而言,更能够引起学生的共鸣,促使学生产生认同祖国、热爱祖国的强烈情感。

第三，鼓励高校教师参与继续教育。通过政策引导、鼓励高校教师参与各种形式的培训，就培训的价值取向而言，可以分为知识本位培训和能力本位培训。知识本位培训是指着眼于教师观念提升、知识增长的培训，能力培训是指着眼于教师专业能力提升的培训，这两种形式的培训对于高校教师的专业化发展和提高大学生国家认同教育的实际效果都具有非常重要的作用。

通过参与知识培训，高校教师能够进一步认识到大学生国家认同教育的意义、大学生国家认同教育在整个高等教育体系中的意义，同时也能够了解到当代大学生国家认同的现状和原因，以及了解到提升大学生国家认同感的方法与途径。通过参与能力培训，高校教师能够了解并掌握更多有效提升大学生国家认同感的教学方法，能够根据当代大学生的时代特点和发展需求对大学生实施有效的教育措施，从而提升大学生国家认同教育的实际效果，并最终提升大学生的国家认同感。

2. 为家庭教育中大学生国家认同教育的实施提供政策保障

制定政策时要重视优良家风的建设，明确家庭教育对学校教育的重要补充作用，从而为家庭教育提升大学生国家认同感提供政策保障。学校教育是影响学生发展的重要力量，但学生在进入学校之前、离开学校之后，包括接受学校教育的过程中，家庭教育在学生价值观念的养成中一致持续发挥着作用，良好的家庭氛围、优良的家风、家长积极的榜样，都能够对大学生的国家认同起到促进作用。在家庭教育中，必须重视对子女家国情怀的培养，家长应帮助子女认识到家与国的关系，应把民族历史教育、国家语言教育、国家文化教育、国家政治观念、道德教育等作为家庭教育的重要内容，让国家认同成为家风的内核，从而为子女的国家认同教育上好第一课，也上好人生中的每一课。

3. 为社会教育中大学生国家认同教育的实施提供政策保障

社会教育是学校教育的补充,应为社会教育提升大学生国家认同感提供政策保障。学校教育是学生在校期间接受的系统化教育,大学生走出校门后,社会教育对大学生的影响越来越明显,因此,国家应通过制定相关政策来保证社会中的国家认同教育。比如在国庆节、国家公祭日等重大节日来临之际,在一定的社会范围内举办多种形式的活动,是大学生在活动中互动而更加深刻的感受;在全国大中小学及各行各业推行说好普通话的活动,提升国民对民族语言的深刻情感,并自觉提升规范使用普通话的能力;将社区服务纳入大学生各专业的学分体系中,要求大学生在校期间必须参加一定时长的社区服务,以此激发大学生的社会责任感和利用所学知识反哺社会的意识,有了政策的保障,大学生参与社会服务的积极性和主动性就会增强,从而提升对国家的认同感和对社会的责任意识。

(二)物质投入保障

教育事业的发展离不开物质投入的保障,大学生国家认同教育也不例外。这里提到的"物质投入"不仅仅是指教育经费的直接投入,还包括教学设施、场所等的投入。下面将根据大学生国家认同教育物质投入的具体领域分别阐述。

1. 加大对大学生国家认同教育师资力量的物质投入

在教育活动中,教师是主导,学生是主体。尽管大学生已进入成人阶段,但大学阶段依然是学生形成价值观的重要时期,在国家认同教育中,大学生依然不可能脱离教师的指导而独自完成。提升高校大学生国家认同教育的效能,就必须打造一支素质过硬、教育教学能力较高的教师队伍,这是需要充足的物质投入作为保障的。

第一,要在教师队伍建设上加大物质投入。从教师个体的角度来看,每一名大学教师都但负责培育大学生国家认同的责任和义务，都应将大学生国家认同教育的内容渗透到自己日常的教育教学活动中来。从高校的角度来看，高校应对本校开展大学生国家认同教育有一个系统化的统筹安排，以保证大学生国家认同教育的整体功效。

为此，高校就应打造一支大学生国家认同教育的教师队伍，这支队伍应以高校原有的德育、思想政治教育、辅导员教师为中坚力量，同时可以根据学校的实际情况和需求招聘相关教师，还可以在本校范围内培养相关的专任或兼任教师。打造这样一支多元化的教师队伍，需要教育经费的支持，高校应将这部分的经费支出纳入经费分配与使用的总计划。

第二，要在教师专业素养提升上加大物质投入。为了提升高校大学生国家认同教育的质量和水平，必须重视对教师专业素养的提升，可以这样说，教师的专业素养水平是影响效果的重要因素。为此，从教师的招聘、引进到教师的培训、进修等都应给予专门的经费支持，这是教师持续提升专业素养的一个重要保障。

2. 加大对大学生国家认同教育学校教育环境的物质投入

学校教育环境包括硬件环境和软件环境，对大学生开展国家认同教育同样需要在硬件环境和软件环境两方面加大物质投入。

在硬件环境投入方面，首先应能够保证高校有充足的教室数量和校舍面积，这能够为开展大学生国家认同教育提供场所；其次，应能够保证高校建设大学生国家认同教育的活动中心，以保证国家认同教育的开展有专门的场所；再次，应保证高校有建设大学生国家认同教育活动的实践基地，并使相关教育活动的开展有相应的经费支持。

在软件环境投入方面，开展大学生国家认同教育需要有相关的电子图书、期刊、数据库、光盘等数字资源，以及电子计算机、智慧教室等教育设备和现代化的教学环境，这些资源的建设也都需要有专门的经费保证。

3. 加大对大学生国家认同教育中社会教育资源的物质投入

社会教育是开展大学生国家认同教育的重要途径，应对社会教育加大物质资源投入以保障大学生国家认同教育的延续性。

首先，通过加大物质投入促进大学生国家认同教育主题网站的建设。目前我国专门针对大学生国家认同教育的官方网站并不充足，将大学生国家认同教育的相关内容和专家讲座放进主题网站，可以方便大学生的自我学习，高校、家庭和社会也可以利用网站上的教育资源对大学生开展国家认同教育。

其次，通过加大物质投入丰富大学生国家认同教育的图书资源。国家可以对社会团体和专家个人编写的国家认同教育的书籍进行严格审核后统一购买，并将购买的书籍分别放在社会图书馆、社区阅览室和高校图书馆，大学生通过借阅这些书籍，可以加深对国家认同的认识，提升国家认同度。

（三）社会支持保障

大学生国家认同教育不仅仅是一项学校教育工作，也是一项社会工作，建立并完善国家认同教育的社会支持系统对大学生国家认同教育的高效开展具有非常重要的意义。

1. 加强社区的积极参与

参与社区活动和社区志愿者服务活动是大学生的社会责任，也是大学生从事社会实践活动的一个重要途径。大学生在参加社区活动的过程中，能够增强实践操作能力，也能够加强服务他人、服务社会的责任意识和社会担当。社区应根据自身需要，根据政府的统筹安排，开展一系列与大学生有关的教育活动，一方面解决社区发展的实际问题，另一方面给学生利用专业所学服务社会创造条件。如大学生“三下乡”中的支教活动、各种服务西部计划等活动,这些都有利于营造良好的社区文化氛围,大学生在参与活动中,自身的价值得到体现,集体主义、乐于奉献、勇于担当的理想信念也不断坚定,在这样的实践中,大学生对国家的认同感逐渐提升。

2. 发挥媒介工具的积极作用

习近平总书记在中共中央政治局集体学习时指出:“全媒体不断发展,出现了全程媒体、全息媒体、全员媒体、全校媒体,信息无处不在、无所不及、无人不用。”据统计,学生群体在我国网民中占据最高比例,为25.4%,其中大学生在全体网民中占有17.6%的比例。由此可见,大学生已成为我国网络使用的主要人群之一,这使得将大众传媒作为对大学生实施国家认同教育的重要平台成为一种可能,同时也是必须。大学生可以通过互联网和移动终端随时随地观看国家新闻,参与网络互动,传播积极信息,如当前很多大学生都将学习强国作为一个重要的手机程序,将其作为获取官方信息、了解国内外新闻、发现身边的好人好事、了解各项社会事业发展趋势的重要平台。相关数据表明,大学生对学习强国的使用频率较高,这说明该程序符合当代大学生的发展特点和学习需求,也证明了媒体工具在大学生国家认同教育中的现实价值和生命力。

二、大学生国家认同教育的微观保障机制

(一)组织保障

组织领导在国家认同教育长效机制的建设中具有关键作用。高校构建大学生国家认同教育的保障机制,首先就要确立大学生认同教育的领导责任制,使领导班子明确自身职责,率先垂范,精神指导,以此来推动大学生国家认同教育的开展。

首先,党政要明确分工。高校党委主要负责制定大学生国家认同教育的指导思想、实施目标等重大决策问题,重点把握方向问题和原则问题;行政部

门主要负责大学生国家认同教育的组织、实施和评价,并且负责协调好相关部门和人员之间的关系。党政部门要明确自身的责任,通力合作。在组织领导全校的大学生国家认同教育时,要将社会主义核心价值观贯穿其中,将大学生当前的学习、未来发展与国家的前途和命运联系在一起,同时统筹协调好大学生国家认同教育与高校其他各项工作关系,保障高校大学生国家认同教育的长效性。

其次,要落实大学生国家认同教育的管理责任制。高校在实施大学生国家认同教育的过程中,应具体规划好每一个步骤和细节,明确每一层级和每一个岗位的责任与任务,从而全方位调动各方面的力量,建立起一个责任明确、高效合理的大学生国家认同教育运行机制,以此来保障大学生国家认同教育的有效实施。

(二)制度保障

制度是大学生国家认同教育运行机制的重要保障,高校应充分认识大学生国家认同教育意义,根据学校的实际情况制定相关制度,通过制度规范各级组织和高校教师实施大学生国家认同教育的秩序,强化教育者的责任意识,明确自身职责,约束教育者的教育行为。只有制定并不断健全大学生国家认同教育的制度,才能不断促进大学生国家认同教育的科学化、制度化和规范化,从而保证大学生国家认同教育有序进行。

在制定制度时,要注意两点:一是务必保障高效的制度与国家的法律法规、相关教育政策和国家的教育方针相一致;二是要保障各项制度之间应是一致性、协调性和互补性,各项制度之间不能重复,也不能相互冲突,要注意把握制度体系的系统性、整体性、层次性和实际可操作性,使各项制度相互配合,共同发挥作用。

(三)人才保障

高素质的人才是开展大学生国家认同教育的重要支撑,在高校中,大学生国家认同教育的人才队伍包括学校党政干部、共青团干部、辅导员、班主任、高校“两课”教师，以及相关学科教师等。

学校党政干部和共青团干部要负责起大学生国家认同教育的组织和协调工作；辅导员和班主任要根据学生的实际特点，有针对性地开展大学生国家认同教育并组织相关活动；“两课”教师和相关学科教师要根据学科特点和课程内容，加强对大学生的国家认同教育。除此之外，高校内的广大教职员工都负有对大学生开展国家认同教育的重要责任，加强并规范对高校大学生国家认同教育的人才选拔和队伍建设是提升教育效果的重要保障。

首先，要加强大学生国家认同教育人才队伍的整体规划。高校应将大学生国家认同教育人才队伍的建设工作纳入高校教师队伍建设的总体规划之中，并确立科学规范的选拔制度、培训制度、考核制度和工作制度。

其次，要重视大学生国家认同教育的专题研究。高校应充分发挥自身的科研优势和人才优势，设立一定比例的大学生国家认同教育的相关研究项目，组织相关学科专家对此展开专题研究，利用人才优势为高校大学生国家认同教育的实施提供理论支撑。

再次，要重视大学生国家认同教育人才队伍的素质培养。高校应重视对教师专业素质的培养，通过培训使教师对国家认同教育有正确、深刻的认识，明确开展大学生国家认同教育的意义，明确自身的责任，打造一支政治强、业务精、专业好的教师队伍，为高校开展大学生国家认同教育提供人才保障。

第五章
大学生国家认同生成过程的心理机制研究

第一节　大学生国家认同的相关影响变量

现有国家认同的概念从适用范围上可以划分为两种:一种是广义的,一种是狭义的,我们在将国家认同作为测量变量进行界定时选用了狭义的概念,即认为大学生的国家认同是指唯一的(是中国非其他国家)且目前生活在其中的,抽象客体的知觉和认可。国家认同的测量方法可以分为两类:实验室测验法和问卷调查法。其中实验室测验法时运用内因测验(IAT)技术对被研究者的内隐记忆进行测量。而问卷调查法则多以班级为单位,采用群体随机抽样法进行主观评价。

在心理变量进行研究中,国家认同的生活过程必然要受到多种因素的影响,从大体上来分,一类为人口统计特征,常见的为性别、年龄、年级、专业、户籍等;而另一类则大多为一些相关的心理学变量因素。比如与国家认同相关的较为常见的相关心理变量有:文化适应、适应策略、自尊、多元文化意识、物质滥用、幸福感、民族认同等等心理学变量。

一、人口特征变量

1. 经济因素

经济因素是研究者多维考量的一个人口特征因素。在相关研究者,多数研究者将其作为影响被试国家认同水平的一个变量。一般以经济收入为自变量,在校大学生因为没有经济收入来源,所以多以父母的职业地位和经济收入来测量。一般为奇数档次,分为三或五个档次。还有的研究者以国家层面为研究经济因素的重要考核因素,即可通过对被试心目中国家在世界中的经济地位来进行测量,一般常见的测试项目为主观评价题,如"您认为你所在国度的经济在国际上处于何种地位",答案为六个选项,赋予的分值越高,说明被试认为自己国家的经济地位也越高。

2. 性别因素

性别因素作为研究者普遍采用的人口统计特征具有天然的重要意义。男女生不同的生理因素及家庭、学校、文化教育中的固有印象,对男女生的教育及遇到问题时所采用的处理方式不同,导致其在形成群体认同时存在着一定的差异。比如,有的研究者发现女生的民族认同显著高于男生,尤其是在青春期的女生其形成的群体认同水平要显著高于男生。在国内的研究中都发现了这个差异。但有关国家认同的性别差异目前仍未取得一致的结论,国内的研究结果倾向于认为不存在显著性别差异,而一些国家的研究结果却发现女生的国家认同程度高于男生。

3. 专业因素

对于在校学生,尤其是大学生来讲,专业因素对个体的自身发展的各个方面均具有非常重要的影响。专业因素也是国内外研究者对形成身份认同、群体认同产生的一个重要变量。大量的研究表明专业因素能够显著地影响个体的身份认同形成过程，但对国家认同的影响有待于进一步研究。

4. 年级因素

对于个体的成长来讲，年级是最为重要的影响因素，年级代表着个体的发展阶段，但年级对个体的很多心理学变量所产生的影响并不是直线性的。已有的研究并未发现年级对认同形成的影响。比如，有研究者发现年级对少数民族初中阶段学生的影响是曲线的，初一、初三显著高于初二。现有年级对国家认同的影响的研究多是以中学生（初中生、高中生）为主，对大学生年级所产生影响的研究较为缺乏。

二、大学生国家认同及相关影响因素的研究

1. 自尊

自尊量表目前采用最多的是社会心理学家费斯廷格编制的，一共有 10 道题，单维度测验，Liket 4 点计分法。该量表为单维度，经过跨文化研究结果证实，该问卷具有良好的信度和外部效度，适合跨文化情境。将所有题目得分进行相加，分数越高，则代表自尊程度越高。

2. 主观幸福感

自 20 世纪 50 年代后，主观幸福感的测量方法多是采用 likert 自陈量表，我们在研究中也采用了这种自陈量表对当代大学生的主观幸福感进行了测量。但随着这项研究的发展又出现了其他测量方法，比如映射法、模糊评价法等。有的甚至采用通过对个体生理指标（如电解质、唾液等）的测量来评价一个人的主观幸福感。

3. 国家能力

国内外有关国家认同的研究发现，对国家能力的主观评估是影响个体对

国家认同水平的一个强劲的外部指标,当个体感觉自己国家有能力保护、维护个体安全和尊严的时候,个体的国家认同感会显著地增高,即个体感知到的国家能力与形成的国家认同水平之间存在着正相关关系。国家能力测量多是从对国家整体实力、国防能力、科技进度、法律、教育等方面进行综合而获得的一种主观感受。

4. 外在问题行为

国外研究发现当个体的国家认同或群体认同水平较低时,个体会有较多的负面情绪和不良行为的发生,如抑郁、焦虑等,还会有高水平的物质滥用、帮派加入等不良行为。本研究对象为大学生,所以采用了外在问题行为测量。采用 Likert 5 点计分法,总分越高,表示个体的外在问题行为越多。

5. 国家认同

国家认同自 19 世纪 60 年代以来就成为国内外学术界的研究热点,学者认为国家认同是在个体回答了“我是谁”的基础上,在此对“我们是谁”的一个思索。个体对自己所属的群体(地方、民族)的认同是自我归属的开始,那么对国家认同是形成稳定自我认同的归宿。对国家认同的测量目前国内外不同的学者因为研究对象、研究目的的不同而采用不同的方法,大多是单维度的。如国内学者普遍采用的是通过对国家的政治、文化、经济和社会四个方面的认同进行测量,并对总分进行加和来测量。

6. 政党认同

目前,学术界对政党认同的概念多是基于两种基本的理论观念来进行的,一是来源于社会心理学的态度认知观,二是来源于人格心理学的社会认同理论。其中社会心理学的态度形成理论认为,政党认同形成的前提是个体给予对政党、政党领导者及该政党执政期间国家的整体发展状况进行的总体评价,进而对政党产生的一种认知和情感状态。而其中情感状态则是最核心的,且受很多其他因素影响。而源于人格心理学的社会认同理论则将政党看作是同宗教、民族等同样的人群划分方法,通过对政党优劣进行比较,而产生的对这一政党的认同和归属,这种认同感强调的是个体将政党作为一种身份的归属感。

政党认同在西方社会一直保持有非常强烈的研究活力,究其原因是社会制度的差异导致的,目前政党认同在国际上已经有比较成熟的问卷了,应用最为广泛的政党认同问卷目前有两个,一个是密西根测验,一个是国家选举测验。相对国家选举测验来讲,密西根测验问卷项目过少,所以导致其测验结果的信度也较低。

第二节　当代大学生国家认同及相关变量的现状分析

一、调查对象

本研究以在校大学生为研究对象,采用随机抽样的方法,选取了 12 名大学生进行了问卷调查,从专业、年级、性别、所在院校等四个方面来对在校大学生国家认同的现状及影响因素进行了调查,为了防止被试再调查过程中出现厌烦情绪,所以在发放问卷时,分发了一些小礼品表示感谢。

本研究运用 SPSS22.0 和 PROCESS17.0 进行了描述性和推断性统计,描述性统计主要是对现状(M、SD)进行了分析,从对均值和标准差水平的描述可以推断,当前大学生国家认同及相关影响因素的发展现状,而推断性统计的运用可以帮助研究者了解相关变量之间的影响关系甚至进行了因果理论推导。大学生被试人口特征的统计表。发放并回收大学生问卷 367 份。被调查对象的人口学变量分布如表 2 所示。

表2　被调查对象的人口学变量统计分析

人口学变量	类别	人数(人)	百分比(%)
性别	男	107	29.16%
	女	258	70.84%
年级	大一	78	21.25%
	大二	123	33.51%
	大三	101	27.52%
	大四	59	16.02%

二、当代大学生国家认同及相关变量的现状分析

作为“软实力”的国家认同,不仅对于增强国家的凝聚力和向心力具有重要作用,也对大学生个体的和谐至关重要。国家认同可以被概念化为一种提供归属感、特殊性和自尊的社会群体成员身份。社会认同理论认为,积极的自我认同可以带来心理利益,国家认同是个体形成稳定的自我认同的关键。对某一群体的认同会对心理健康发挥积极作用,积极国家认同的形成可以为个体提供自尊感、独特性和归属感,若未形成安全的认同,则会威胁个体的自尊、效能、独特性或连续性。社会心理学中的社会治疗理论认为,对某一群体的认同,使人们能够更有效地应对社会和心理压力源,并与整体生活满意度相关。

大学生国家认同问卷共有6道题,侧重于从国家归属感来进行国家认同的测量,分别为:“就算可以随便选择世界上任何国家,我也更愿意做中国人”“每个中国人都应该无条件支持自己的国家”“作为中国人,我感到非常骄傲”“如果可以选择,我还愿意做中国人”“中国的发展与我休戚相关”“我觉得做哪个国家的人都无所谓,关键是要生活过得好”,其中,最后一道题为反

向题。在计算过程中，先将反向题进行反转，将项目进行加和，分数越高，国家认同水平越高。

（一）现状分析

1. 国家认同

对国家认同总分现状及各个项目进行描述性分析（$M \pm SD$），并对人口统计特征进行差异检验。该问卷的信效度已经得到了验证，本研究中克朗巴哈系数（Cronbach's Alpha）=0.86。

运用均值检验对国家认同总分及各个分项目的差异性进行单样本 t 检验，结果表明在国家认同及各个项目上均未发现存在显著差异。此结果表明，当前大学生均具有较高水平的国家认同水平。对年级和专业的差异进行差异检验，结果未发现显著差异。

2. 政党认同

政党认同最核心部分是对国家执政党的情感状况，是对国家执政党执政状况的总体评价。政党认同会赋予成员相应的政党身份并会投入更多情感，最终带来态度上的倾向性，支持组内事物反对组外事物。强调的是一种身份依附感、归属感。政党认同测验在西方保持着旺盛的生命力，其结果可以预测美国的大选结果。在西方应用最广泛的测验有密歇根测验和国家选举测验。

本研究在借鉴这两个量表的基础上，依据刘涵慧编制的《政党认同问卷》修编而来，运用 AMOS6.0 对问卷的效度进行了检验（$\chi^2/df = 4.35$，CFI = 0.85，IFI = 0.83，NFI = 0.87，TLI = 0.77，RMSEA = 0.15），此结果表明该问卷具有良好的效度，对信度进行了检验，内部一致性 = 0.91，达到了统计学的要求。政党认同总共用了 13 道题，依据社会认同理论并参考刘涵慧的“政党认同”问卷，编制了《政党认同的问卷》，采用 Likert5 点计分方法，1 = 非常不同意,5 = 非常同意;该问卷的信效度已经得到了验证,本研究中克朗巴哈系数 =0.86。

对性别、专业和年级的差异进行分析,结果均未发现存在显著的差异,通过对统计结果数据进行分析,表明当前大学生均具有较高水平的政党认同。其均值为(4.46 ±0.97),中国共产党的执政能力和公信力已经获得了当代大学生的高度认可。

3. 自尊

采用国际上通用的自尊问卷,共 10 个项目,如,“我感到我有许多好的品质”Likert5 点计分:1 = 非常不同意,5 = 非常同意。内部一致性 =0.92,该问卷具有较高的信效度,在本研究中,运用 AMOS6.0 对问卷的效度进行了检验(χ^2/df = 4.45, CFI = 0.95, IFI = 0.88, NFI = 0.82, TLI = 0.79, RMSEA = 0.14),问卷一致性系数为 0.94。对自尊的现状及人口特征差异进行差异检验结果表明自尊水平不存在着性别、年级和专业上的差异,这与国内其他学者的研究结论相一致。当前大学生自尊水平高于理论均值,具备较高水平的自尊。

4. 感恩

采用国际上通用的麦卡洛(MeCullough)等人编制的感恩问卷,六个项目,“看到生活的一切美好,我都会心存感激”Likert5 点计分,问卷一致性系数为 0.87。对感恩现状进行描述性分析和统计检验。感恩在性别上的差异达到了显著性水平,女大学生感恩水平要显著高于男大学生,这一点也与其他学者报告的结果一致。究其原因,是因为女生相对来讲更加细腻和敏感,对别人的感受能够产生较高水平的共情,能够深切地了解他人的付出。

5. 主观幸福感

采用迪纳(Diener)编制的生活满意度量表,共 5 个项目(如:我对生活感

到满意)，Likert5 点计分，分值也高，生活满意度水平越高。问卷一致性系数为 0.87

6. 国家能力

已有研究表明，国民对国家能力感知是影响整个国家国民国家认同的重要指标。本研究在借鉴前人问卷的基础上修编国家能力问卷，问卷共有 9 道题，涉及对国家政治、经济、法律、军事、教育等 9 个国家能力方面的主观评价。采用 Likert 5 点计分，分值也高，国家认同水平越高。问卷一致性系数为 0.8

7. 问题行为

已有研究证实，对某一群体的归属会降低问题行为的发生，因为对某一群体的归属，会帮助个体获得更高的社会支持和物质资源的帮助，帮助群体成员远离各种负面行为，如物质滥用(药物、毒品和酒精)，激发个体自愿服务社会和他人，激发更多对社会有益的行为。本研究采用《问题行为外化倾向问卷》，共涉及大学生在校园内表现出来的 14 项问题行为，如“吸烟让我交到很多朋友”“和朋友们 ·起喝酒，醉了才痛快”。采用 Likert 5 点计分，分值也高，问题行为水平越高。问卷一致性系数为 0.87。

统计分析结果表明，性别在问题行为倾向性上存在显著差异，研究发现：女生问题行为倾向性要显著低于男性，究其原因，在外化行为中，如抽烟、喝酒这些行为在男生中发生的频率要远远高于女生，另一方面，男生接触的信息渠道、人际交往方式等都与女生有着很大的差异。但仍有部分女生涉及抽烟、喝酒等问题，表明随着时代的发展，女生的生活方式与原来有了很大的差异。

第三节　大学生国家认同的影响机制探析

本文从政党认同、国家能力、感恩、亲社会行为、自尊、主观幸福感、问题行为这八个心理学变量来探讨大学生国家认同的影响因素,并在此基础上建构国家认同的影响机制模型。在查阅文献的基础上,对这些心理学变量进行理论构建,其中的政党认同、对国家能力的感知可以作为影响国家认同的自变量,而感恩、亲社会行为、自尊及主观幸福感、问题行为倾向可以看作是由国家认同所引发的一系列心理和外在行为反映,除了问题行为外,其他四种心理学变量均为积极变量,即水平越高,对被试产生的积极影响就越大。

一、大学生国家信任、人生意义感与国家认同的关系研究

(一)前言

国家认同的研究始于20世纪50年代。目前国内关于国家认同内涵的界定有三种取向:内容取向关注的核心是国家认同涵盖哪些方面内容;心理取向强调个体的心理状态和认同的形成过程;关系取向认为认同是与某族群建立联系的心灵性活动[①][②],但这三种取向,都认为国家认同代表着"软实力",不仅对于增强国家的凝聚力和向心力具有重要作用,也对青少年个体的和谐至关重要[③]。积极的国家认同能够为个体提供归属感、特定性和高水平的自尊,获得较高的社会支持。随着全球化、信息化和文化多元主义等新时代发

---

① 郝亚明.心理学视角下的国家认同与族群认同关系探究[J].南开学报(哲学社会科学版),2019(6):71-81.

② 王卓君,何华玲.全球化时代的国家认同:危机与重构[J].中国社会科学2013(9):18-29.

③ 肖滨.两种公民身份与国家认同的双元结构[J].武汉大学学报(哲学社会科学版)2010(1):80-87.

展趋势的影响,当今青少年面临着认同困境,研究大学生的国家认同对中国社会的长治久安具有非常重要的意义,研究大学生国家认同现状及相关影响因素的作用就显得非常重要。大学生的国家认同对中国社会的长治久安具有非常重要的意义①,研究大学生国家认同现状及相关影响因素的作用就非常重要。

国家信任是近年来学者普遍关注的热点之一,公民的国家信任无论对国家还是个体的发展来讲都是一个重要的资本,可以有效地提高政府的绩效和管理水平②。已有研究证实,国民对国家的信任程度,对这个国家能否为民众提供安定有序的社会环境是影响国家认同的重要因素③。大学生对国家的认同受很多因素的影响,但能够感觉到这个国家能为其提供基本权利的保障是一个必要条件④,对国家在经济、教育、文化、军事等各个方面现状及未来发展趋势的信任是大学生形成积极的国家认同的一个非常重要的因素⑤。Patrick等人的研究证实,奥运会期间,中国、中国台湾、中国香港三个地区的大学生国家认同都有所提升⑥,由此可知:对国家实力的信任,会对大学生国家认同产生积极的影响。基于此,本研究提出问题一:大学生对国家信任能够正向地预测国家认同的水平。

---

① 管健,郭倩琳. 国家认同概念边界与结构维度的心理学路径[J]. 西南民族大学学报(人文社科版),2019(3):214-221.

② 周光辉,刘向东. 全球化时代发展中国家的国家认同危机及治理. 中国社会科学. 2013(9):40-54.

③ 马得勇. 信任、信任的起源与信任的变迁[J]. 开放时代. 2008(4):72-79.

④ 查尔斯. 泰勒. 自我的根源现代认同的形成[M]. 北京:译林出版社,2008.

⑤ Lau P W C, Lam M H S, Leung B W C. "National Identity and the Beijing Olympics: School Children's Responses in Mainland China, Taiwan & Hong Kong"[J]. *Procedia-Social and Behavioral Sciences*, 2010, 2(5): 6729-6738.

⑥ Cheung C K. *Media and Its Influences on Adolescents' Identity in Hong Kong*[M]. Media Literacy Education in China. Springer Singapore, 2016.

个体的身心健康与国家认同水平具有较高的相关关系产生影响①,本研究以人生意义感为指标测量个体的身心健康程度,探究大学生的人生意义感与国家认同的关系。人生意义感(生命意义感)是指个体感到自己的生命有意义的价值,以意识到生活中有明确的目标和使命②。国内外研究表明人生意义感会对个体的价值观、创造力、职业认同、所感知到的社会支持产生影响③。具有高水平的人生意义感的个体会积极融入社会群体中,获得更多的社会资源,具有更高的团体归属感,基于此,提出问题二:大学生的人生意义感能够正向预测国家认同。国家信任会给个体提供一种安全、稳定的主观感受,进而帮助个体提升对生命或人生意义的感知,即国家信任既可以自己对国家认同产生正向的预测作用,也可以通过影响个体的生命意义感进而影响国家认同,即人生意义感在国家信任和国家认同的关系中起到中介作用。

(二)研究结果

1. 主要变量的描述统计和相关分析

对当代大学生国家认同、国家信任、人生意义感三个变量进行描述统计,结果表明当前大学生具有较高的国家认同(4.69 ± 0.55)、国家信任(4.430.69)水平,而当前大学生人生意义感分值相对较低(3.830.51),相关分析结果表明国家认同、国家信任、人生意义感均存在着相关关系。

---

① Steger MF. "Structural Validity of the Life Regard Index"[J]. *Measurement and Evaluation in Counseling and Development*, 2007, 40(2): 97 – 109.

② Jafary F, Farahbakhsh K, Shafiabadi A, et al. "Quality of Life and Menopause: Developing a Theoretical Model Based on Meaning in Life, Self-efficacy Beliefs, And Body Image"[J]. *Aging Ment Health*, 2011, 15(5): 630 – 637.

③ 吕芳. 北京部分高校大学生国家认同的调查与分析[J]. 政治学研究, 2010(4): 58 – 64.

表 3　现状与相关分析

国家信任	人生意义感	国家认同	
MSD	4.43 ±0.69	4.69 ±0.55	3.83 ±0.51
国家信任	1		
人生意义感	0.14**	1	
国家认同	0.47***	0.36***	1

注：* $p < 0.05$，** $p < 0.01$，*** $p < 0.001$

2. 差异检验

对国家信任、国家认同、人生意义感的性别差异进行检验，结果表明，女生在国家信任上的得分要显著高于男生（$t = 2.01$，$p < 0.05$，$d = 0.17$），在年级、专业、性别上国家认同、人生意义感均未存在显著差异。

3. 中介效应检验

由理论分析得知，人生意义感在国家信任与国家认同的关系中起到中介作用，运用 PROCESS 插件，对国家认同的中介作用进行验证，自取样（Bootstrap Resamples）次数为 1000 次，偏差校正方法为 Bias Corrected。结果表明人生意义感的影响路径有两条，一是国家信任的直接预测作用，二是国家信任通过影响人生意义感进而影响国家认同，三是人生意义感的直接作用，结果如下图 1。

中介效应的分析结果表明（如图 1 所示）：自尊和感恩在国家认同和生活满意度之间起中介作用，中介效应值 = 0.06，占国家认同对生活满意度总效应的 15.38%。由图 1 和表 4 可以看出中介效应由三条路径产生间接效应：通过国家认同—自尊—生活满意度产生间接效应 1（0.18）；民族认同—自尊—感恩—生活满意度产生间接效应 2（0.05）；民族认同—感恩—生活满意度产生间接效应 3（0.02）。

表 4　人生意义感的中介效应分析

	效应值	Boot 标准误	BootCI 下限	BootCI 上限
直接效应	0. 36	0. 02	0. 03	0. 12
间接总效应	0. 25	0. 04	0. 14	0. 23
国家信任的直接中介	0. 17	0. 02	0. 02	0. 06
人生意义感的直接中介	0. 08	0. 04	0. 05	0. 13

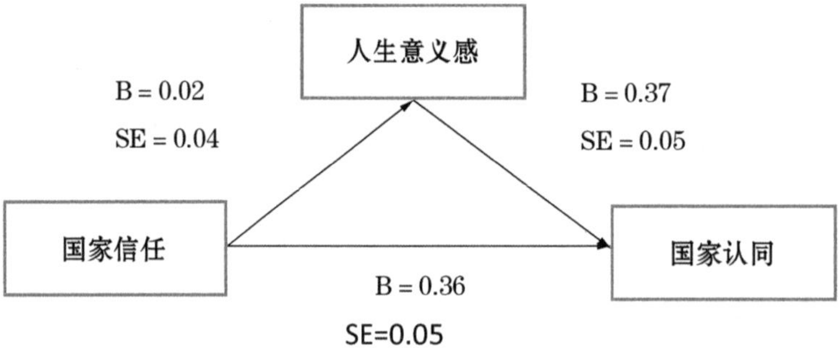

图 1　人生意义感的中介效应检验

（三）讨论

1. 当前大学生国家认同及相关影响因素现状分析

由统计分析结果可知，当代大学生具有较高水平的国家认同和国家信任，已有研究表明国家认同既与主观感受相关，又受国内、国际大环境的影响。大学生感同身受地感知体会到中国制度的优越性，深刻地体验到作为一个中国人的自豪感和优越性。统计结果也表明大学生的人生意义感得分相对不高，究其原因是大学这一特定阶段所导致的，对大学教育的适应、专业发展前途、未来人生方向均未形成一个清晰的认知，更是缺少对自己学习和生活的规划，导致目前大学生在人生意义感上的得分偏低。

2. 差异检验

统计分析结果表明，仅在国家信任上存在着性别差异，国家认同、人生意义感均未存在人口统计特征上的显著差异。在国家信任这一变量上，女生要显著高于男生，造成此结果的原因，一方面是由于取样导致的，本研究中被试取样来自师范院校，女生人数远远高于男生；另一方面随着“课程思政”的全面深入地普及，在课程讲授时教师会对中国的发展现状、历史文化等进行“输出”，但男生女生听课注意力有所差异，女生比较专注、注意力集中时间相对长，所以对所讲解的内容记忆程度较高，因而提升国家信任程度。

3. 中介效应

中介效应统计分析结果表明：国家信任通过影响人生意义感进而影响国家认同。对国家信任的感知能够带来安全感和归属感，依据态度理论，个体在安全的环境下更容易建构出自我的发展目标，促使个体产生高水平成就动机和明确的趋向目标，国外已有的研究证实个体的成就动机能够激发高水平的国家认同，对生活有较高意义感的个体能将自我积极主动地融入团体中，维护集体的利益，使自己的行为符合集体的规范，对自己所归属的群体有着更强的社会责任感和为集体尽责的意愿和行为。中介效应表明国家信任、人生意义感不仅都可以直接预测国家认同，而且对自己所归属国度的信任，会促进个体感知到更高的人生意义感，进而增加国家的认同。

二、当代大学生国家认同与逆境信念的关系：人生意义感的中介作用

（一）前言

逆境信念(beliefs about adversity)是对逆境本质的概念认知，是对逆境产生的原因、后果及采取的应对行为的主观认知。近年来，逆境信念作为一种

极具中国文化特色的价值观越来越受到研究者的重视①②。认知理论认为人们不会被逆境本身所干扰,而是被对逆境的解释所困扰③。逆境信念提供了个体对逆境的定义和阐释,决定了人们会采用的社会资源和行为,并以“缓冲器”的形式调整生活状况④。逆境信念是个体形成“弹性观念”的关键要素,能够调节环境对个体产生的不良影响,帮助个体发展出更多的适应性,避免个体陷入不利的境地⑤。

依据社会认同理论可知,个体自身所持有的积极观念对提高青少年的心理健康具有非常重要的作用。青少年所持有的逆境信念不仅是其面临困境的重要保护性因素,还对青少年积极心理如,幸福感、生活满意度等具有促进作用⑥。香港青少年的研究表明,积极的逆境信念能显著地提升心理健康、学校适应水平,降低学校适应不良问题的发生率。个体所持有的逆境信念能够有效地提升大学生的心理社会适应性,自我效能感和自我评价⑦。以贫困大学生为被试的研究结果表明:积极的逆境信念能够有效地降低孤独感的产

---

① Shek D T L. “Chinese Cultural Beliefs about AdversityIts Relationship to Psychological Well-Being, School Adjustment and Problem Behaviour in Hong Kong Adolescents with and without Economic Disadvantage” [J]. *Childhood A Global Journal of Child Research*,2004,11(1):63 – 80.

② Shek D T L. “Chinese Cultural Beliefs about Adversity: Its Relationship to Psychological Well-Being, School Adjustment and Problem Behaviour in Hong Kong Adolescents with and without Economic Disadvantage” [J]. *Childhood*,2004.

③ Werner E E,Smith R S. “Overcoming the Odds: High Risk Children From Birth to Adulthood” [J]. *Ithaca New York Cornell University Press*,1992:289.

④ Shek D T L. “A Longitudinal Study of Chinese Cultural Beliefs About Adversity,Psychological Well-Being,Delinquency And Substance Abuse in Chinese Adolescents With Economic Disadvantage” [J]. *Social Indicators Research*,2005,71(1/3):385 – 409.

⑤ Hauser,S. T. Hauser S T. “Understanding Resilient Outcomes: Adolescent Lives Across Time and Generations” [J]. *Journal of Research on Adolescence*,1999,9(1):1 – 24.

⑥ Shek D T L. “Perceived Parental Control and Parent-Child Relational Qualities in Chinese Adolescents in Hong Kong” [J]. *Sex Roles*,2005,53(9 – 10):635 – 646.

⑦ 蒙丽杨. 逆境信念与农村贫困大学生孤独感:自尊的中介作用[J]. 贵州师范大学学报(自然科学版),2015(2):36 – 39.

生,提高其自尊水平①。大学阶段形成的观念具有稳定性,对其后期的生活会产生一定的影响。基于此,本研究以大学生为研究对象,探讨其逆境信念的现状及影响机制,以期为大学生形成高水平的逆境信念提出相应的对策。

Phineey 等人的研究证实文化背景是影响个体对逆境的定义及采用应对资源和方式的重要因素②③。国家这一独特的文化背景对个体的信念体系产生直接的影响。国家认同是个体对自己属于哪个国家及这个国家如何所进行的一系列心灵性活动④,具有族群或语言所构成的文化独特性⑤。典型的、源自跨代传播的共同文化的规范、价值观、态度和行为是国家认同的重要内涵⑥。国家认同涉及个体基本的归属感,对其形成积极的认知信念起到重要作用。国家认同的形成,会促使个体愿意服从相应的社会观念,并按照规则来行动。

国家认同在青少年的幸福感及积极的情绪调节形成过程中扮演着重要的角色,国家认同的形成会帮助人们获得稳定的归属感和更多的社会资源和物质性支持。高水平的国家认同能够促使个体形成积极的社会态度的发展,引导个体建立高水平的积极信念,使个体获得本体性安全,避免本体性焦

① Shek D T. "A longitudinal study of parenting and adolescent adjustment in Chinese adolescents with economic disadvantage."[J]. *International Journal of Adolescent Medicine & Health*,2003,15(1):39-50.

② Phinney J S. "Understanding Ethnic Diversity The Role of Ethnic Identity"[J]. *American Behavioral Scientist*,1996,40(2):143-152.

③ Affleck G,Tennen H. "Construing benefits from adversity:adaptational significance and dispositional underpinnings."[J]. *Journal of Personality*,2010,64(4):899-922.

④ 孙伦轩,王娇. 重点大学建设与青年精英的国家认同[J]. 复旦教育论坛,2020(4):57-63.

⑤ Triandafyllidou,Anna. "National identity and the 'other'"[J]. *Ethnic & Racial Studies*,1998,21(4):593-612.

⑥ Phinney J S. "When We Talk about American Ethnic Groups,What Do We Mean?"[J]. *American Psychologist*,1996,51(9):918-927.

虑①。国家认同是重要的国民意识,是维系国家存在和发展的纽带,大学生的国家认同水平对国家的和谐发展至关重要,由此提出假设问题一:大学生的国家认同正向预测逆境信念。

国家认同水平体现了国民的归属感及为国奉献的心理与行为,激发对生命意义的高水平感知,人生意义感越来越被认为是促进健康的重要心理变量②。人生意义感是个体对生命存在的秩序、连贯性、目的认知而建构的多维结构,引导追求和实现有价值的目标③。人生意义感为人生赋予了更高的存在意义,激励个体追求和实现幸福,起到优化人类并带来卓越体验、开发潜能的功能④⑤。提出假设问题二:国家认同能够正向预测人生意义感。

国内外研究表明人生意义感会对个体的价值观、创造力、职业认同、所感知到的社会支持产生影响。人生意义感能够保护人们远离负面情绪⑥,提升个体的积极心态⑦,帮助他们了解生活的本质⑧⑨。人生意义感帮助个体避免现实和潜在威胁,有意义的生命价值体验,会帮助个体形成对人生的积极态度。由此可知,人生意义感可引导个体形成更高的逆境信念,更有可能服务

① Jaspal R, Lopes B, Breakwell G. "British National Identity and Life Satisfaction in Ethnic Minorities in the United Kingdom"[J]. *National Identities*, 2020.

② Steger M F, Frazier P, Oishi S, et al. "The meaning in life questionnaire: Assessing the presence of and search for meaning in life"[J]. *Journal of Counseling Psychology*, 2006, 53(1).

③ Smythe, William E. "Exploring Existential Meaning: Optimizing Human Development across the Life Span"[J]. *Canadian Psychology*, 2000, 42(4): 335 - 337.

④ JUNG, Gustav C. "Modern Man in Search of a Soul"[M]. *K. Paul, Trench, Trubner & Co.* ; , 1933.

⑤ Kierkegaard S, Hong H V, Hong E H. "Stages on life's way: studies by various persons"[J]. 1991.

⑥ Bonebright C A, Clay D L, Ankenmann R D. "The relationship of workaholism with work-life conflict, life satisfaction, and purpose in life."[J]. *Journal of Counseling Psychology*, 2000, 47(4): 469 - 477.

⑦ Bonebright C A, Clay D L, Ankenmann R D. "The relationship of workaholism with work-life conflict, life satisfaction, and purpose in life."[J]. *Journal of Counseling Psychology*, 2000, 47(4): 469 - 477.

⑧ Pearson P R, Sheffield B F. "Psychoticism and purpose in life"[J]. *Personality and Individual Differences*, 1989, 10(12): 1321 - 1322.

⑨ Deppa K F, Saltzberg J. "Positive Psychology: An Introduction"[J]. 2016.

他人和社会。反之,人生意义感水平低的个体,会形成负面的认知体验,逆境信念水平随之下降。基于此提出假设问题三,人生意义感在国家认同与逆境信念中起到中介作用。

（二）研究结果

1. 各变量的描述性分析

对国家认同、人生意义感、逆境信念四个变量的均值和相关关系进行现状分析,结果如下:国家认同分值（4.41 ±0.76）、人生意义感（3.76 ±0.57）、逆境信念（4.11 ±0.63）。由上述结果可知,国家认同、逆境信念远远高于理论均值（3 分）,其中,国家认同（$t = 7.72$, $p < 0.001$, $d = 0.66$）,逆境信念（$t = 7.03$, $p < 0.001$, $d = 0.59$）,人生意义感分数较为接近理论均值。

从表 5 看出两两之间呈现显著相关关系。由表 5 可以看出,国家认同与人生意义感存在着显著正相关（$r = 0.20$, $p < 0.05$）;国家认同与逆境信念显著正相关（$r = 0.23$, $p < 0.01$）;人生意义感与逆境信念显著正相关（$r = 0.33$, $p < 0.001$）。此结果为人生意义感的中介作用分析提供了数据支持。

表 5　各变量的描述性分析

	M ± SD	国家认同	人生意义感	逆境信念
国家认同	4.41 ±0.76	1		
人生意义感	3.76 ±0.57	0.20*	1	
逆境信念	4.11 ±0.63	0.23**	0.33***	1

2. 中介效应分析

采用 Process2.16 插件分析人生意义感在国家认同对逆境信念影响中的中介效应（见表 6 和图 2）,采用偏差矫正百分位 Bootstrap 方法,重复抽样 5000 次检验结果是否显著。结果表明,国家认同对逆境信念的直接预测作用显著(B = 0.27, se = 0.02),人生意义感对逆境信念的预测作用显著(B = 0.12, se = 0.04)。国家认同对人生意义感的直接预测作用显著(B = 0.22, se = 0.03)。人生意义感的中介效应值为0.026,占总体效应的8.72%。

表6　人生意义感的中介作用检验

中介变量	效应	效应值	效应比	Boot 标准误	BootCI 下限	BootCI 上限
人生意义感	总的效应	0.298***		0.03	0.06	0.24
	直接效应	0.272***		0.02	0.03	0.27
	间接效应	0.026**	8.72%	0.04	0.04	0.21

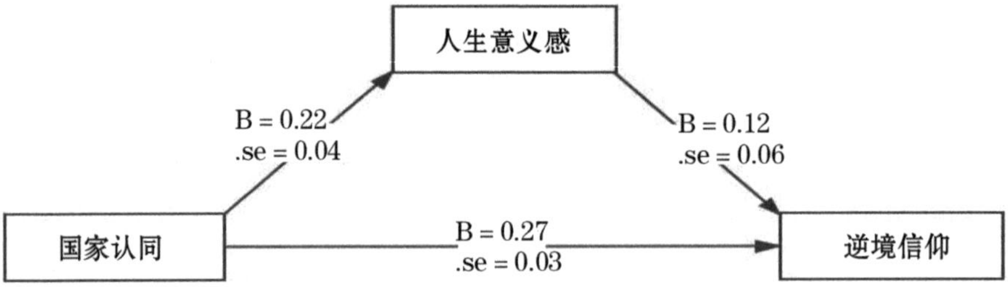

图2　人生意义感的中介作用

(三)讨论

相关分析结果表明,国家认同、人生意义感、逆境信念两两之间均呈显著正相关。国家认同水平总体来讲较高(4.41 ±0.76),此数据表明当代大学生有着较高水平的国家归属感,对中国人的身份具有较高的认同感。根据社会比较理论,当个体在形成国家认同时,会进行国与国之间的比较。当代大学生通过对国内外相关情境进行比较,充分感受到国家所给予的安全感,大学生爱国主义热情空前高涨①。与之前的研究对比,发现国家认同水平呈上升

① 孟四清.战疫情,爱国主义教育的最佳窗口期[J].天津教育,2020(19):13－14.

趋势，此结果也间接证实“课程思政”实施的有效性。思想政治工作是学校各项工作的生命线，在全员育人、全程育人的理念指导下，高校非常重视“课程思政”的实施，加大爱国主义教育。当代大学生对国家的归属感和满意度较高，对国家的发展前景也更为自信。

人生意义感（3.76 ± 0.57）统计表明大学生的逆境信念仍有进一步发展的空间，人生意义感理论认为维持意义和追求意义是人的基本需求之一。此次调查对象中“00”后大学生超过 50%，个性较强，但心理抗挫能力较差是新生代大学生的一个特点。从统计结果，可以看出当前大学生的人生意义感相对较低，仅略高于均值水平，这一结果与前人结果一致。究其原因，大学阶段是成人的准备期，而在中小学阶段，学生的目标都非常明确，家庭、学校和学生自身都以“学习”为重要目标，但进入大学后，有一部分大学生陷入了迷茫，尤其是关于自身发展的迷茫，缺失了生活的具体目标①。

积极的逆境信念能够影响个人对其不利处境的认知，同时也能使个人的应对行为和应对资源产生变化。信念是文化的一部分，并指导着那些分享这种文化的人的社会化。信念是个体关于事物的本性、原因和结果的概念。逆境信念作为一种同样极具东方文化意义的个体价值观，就个人层面的保护因素而言，逆境信念是核心的要素。研究表明，个人所持有的逆境信念是重要的保护因素。对于大学生来讲，是一种非常重要的个体心理资源。当前大学生逆境信念水平虽高于理论均值（3 分），但仍有进一步提升的空间。

国家认同既代表了对隶属于某一国家成员身份的规范性认知，又根植了相应的情感。可以提升个人整体的生活满意度和幸福感，能有效提高自信水

① 赵迎欢，吴峰，刘莉，等.“当代大学生特点及环境影响”研究报告[J]. 思想理论教育导刊，2010（1）：108－112.

平。按照精神生态模式,心理健康能塑造个体对逆境的积极信念①,对国家有强烈归属感的个人会更认同强调乐观和积极应对的文化信念②。此外,有研究表明,国家认同低的个体,心理健康程度随之也会降低,较差的心理健康会对人的认知取向产生不利影响。回归分析结果表明国家认同直接预测逆境信念、人生意义感,证实了精神生态模式的有效性。

压力的多元文化模型认为③,文化在人面临压力时,对所遇到问题的理解和随之采取的应对行为都起着重要的引导作用。中国文化既有强调逆境的积极价值和人们克服逆境的能力及意志,如"事在人为",但也有对逆境消极接受的文化基因,如"丑命天注定"。大学生所持有的逆境信念决定着心理社会适应性,自我效能感和自我评价,受人生目标及规划的影响,而人生意义感能够引导个体追求和实现有价值的目标,激励个体追求和实现幸福。国家认同对逆境信念的预测作用受到人生意义感水平的中介。

三、当代大学生国家认同与生活满意度的关系:链式中介模型

(一)前言

作为"软实力"的国家认同,不仅对于增强国家的凝聚力和向心力具有重要作用,也对大学生个体的和谐至关重要④⑤。国家认同可以被概念化为一种提供归属感、特殊性和自尊的社会群体成员身份⑥。社会认同理论认为积

---

① Cederman L E. "Competing Identities: An Ecological Model of Nationality Formation"[J]. *European Journal of International Relations*,1995.

② Slavin, Robert E. "Synthesis of Research on Cooperative Learning"[J]. *Educational Leadership*,1991.

③ Folkman S, Schaefer C, Lazarus R. *Cognitive processes as mediators of stress and coping*. 1979.

④ 郝亚明. 心理学视角下的国家认同与族群认同关系探究[J]. 南开学报(哲学社会科学版),2019(6),71-81.

⑤ 王卓君,何华玲. 全球化时代的国家认同:危机与重构[J]. 中国社会科学 2013(9):18-29.

⑥ De Cillia R, Reisigl M, Wodak R. "The Discursive Construction of National Identity"[J]. *Discourse & Society*,1999,10(2):149-173.

极的自我认同可以带来心理利益①,国家认同是个体形成稳定的自我认同的关键②。对某一群体的认同会对心理健康发挥积极作用,积极国家认同的形成可以为个体提供自尊感、独特性和归属感,若未形成安全的认同,则会威胁个体的自尊、效能、独特性或连续性。社会心理学中的社会治疗理论认为③,对某一群体的认同,使人们能够更有效地应对社会和心理压力源,并与整体生活满意度相关。

生活满意度是一种广泛的、非特定的主观感知,是个体基于自己设定的目标和现实成就之间的契合基础上,对整个生活进行的评估④,是衡量生活质量的一个重要参数,被视为心理健康的一个重要方面⑤。生活满意度个体根据自己所定义的标准对自我生活质量进行评价。生活满意度反映了一个人对周围环境的主观评价⑥。而这种主观评价不仅会影响个体感知到的情绪体验,还会对其生活目标定位及行为追求取向产生重要的影响⑦。鉴于国家认同的心理益处,提出 H1:国家认同能够显著预测生活满意度。

自尊是人格研究中的一个基本概念,代表了个体对自己整体评价的程

---

① Jaspal R, Lopes B, Breakwell G. "British National Identity and Life Satisfaction in Ethnic Minorities in the United Kingdom"[J]. *National Identities*, 2020.

② Agustín Espinosa Pezzia, Darío Páez Rovira. "Reliability and capability as self-stereotypical contents of national identity in Peru"[J]. *Revista Psicología Política*, 2015, 15: págs. 355 – 376.

③ Jetten, J., Haslam, C., & Haslam, S. A. (eds.). (2012). *The social cure: Identity, health and well-being*. Psychology Press.

④ Scheufele D A, Shah D V. "Personality Strength and Social Capital: The Role of Dispositional and Informational Variables in the Production of Civic Participation"[J]. *Communication Research*, 2000, 27(2): 107 – 131.

⑤ Clore G L, Wyer R S, Dienes B, et al. *Affective Feelings as Feedback: Some Cognitive Consequences*[M]// Theories of Mood and Cognition. 2001.

⑥ Headley B-W, Kelley J, Wearing AJ: Dimensions of mental health: life satisfaction, positive affect, anxiety and depression[J]. *Soc Indicators Res* 1993; 29: 63 – 82.

⑦ Tajfel H, Turner J C. *The Social Identity Theory of Inter-Group Behavior*[M]//Psychology of intergroup relations. 1986.

度，是一个人对他/她的价值一般感觉①。大量的实证研究表明，社会支持可以显著预测一个人的自尊水平。社会认同理论认为个体依据自己所归属的群体来定义自我概念，且能利用该群体的积极评价来提高自己的自尊水平。恰尔迪尼(Cialdini)等认为，个体会通过群体认同来自我表现，具体来说，对某一群体的高归属会帮助个体获得更多的社会资源，进而通过与该群体的联系来提升他们自己的地位和自尊。已有的研究表明，自尊是生活满意度的一个重要预测因子②③。坎贝尔(Campbell)等的研究发现，在所有与生活满意度有关的各种变量中，自尊与生活满意度的相关最高④。基于此，提出本研究假设 H2：自尊能够中介国家认同与生活满意度之间的关系。

感恩是一种积极的心理特征，被定义为一种状态或一种特征，是一种对生活欣赏的主观感受和稳定的情感体验，与幸福息息相关⑤。具备感恩特质的个体总是倾向于以感恩情绪来回应他人的帮助，对群体的归属感会极大地提升个体积极的情绪体验，即对群体归属感越高，感恩水平越高⑥。拓宽建构理论认为个体具备的感恩特质可以帮其建构持久的个人资源，从而能够拥有

① Reilly W T. The effect of racial status and other core characteristics on collective self-esteem A quantitative test of divergent theories of identity valuation. [D]. 2015.

② Cialdini R B, Wosinska W, Dabul A J, et al. When Social Role Salience Leads to Social Role Rejection: Modest Self-Presentation among Women and Men in Two Cultures[J]. *Personality & Social Psychology Bulletin*, 1998, 24(5): 473 – 481.

③ Merka M, Braja-Ganec A. Children with Different Levels of Hope: Are There Differences in Their Self-esteem, Life Satisfaction, Social Support, and Family Cohesion? [J]. *Child Indicators Research*, 2011, 4(3): 499 – 514.

④ Asano K, Ishimura I, Kodama M. The functional role of resignation orientation on goal engagement, self-esteem, life satisfaction, and depression[J]. *Health Psychol Res*, 2014, 2(3).

⑤ Campbell A, Converse PE, Rodgers WL. *The quality of Americanlife*[M]. New York: Russell Sage Foundation, 1976. 61.

⑥ Chen L H, Kee Y H. Gratitude and Adolescent Athletes' Well-Being[J]. social indicators research, 2008, 89(2): 361 – 373.

相应的资料来应对压力，体验到更大的幸福，有助于提高生活满意度①，因此，感恩与更高的生活满意度相关联。谢红等人的研究结果表明感恩会通过社会支持及适应形态对幸福感具有正向间接效果②。已有研究证实，自尊能够激发个体产生高水平的积极情绪，感恩作为一种积极情绪与自尊存在着显著的相关关系，感恩这一人格特质对大学生的人际交往、自我认知的发展都能起到相应的助益。基于此，提出了问题三：自尊和感恩在国家认同与生活满意度的关系中起到链式中介效应。

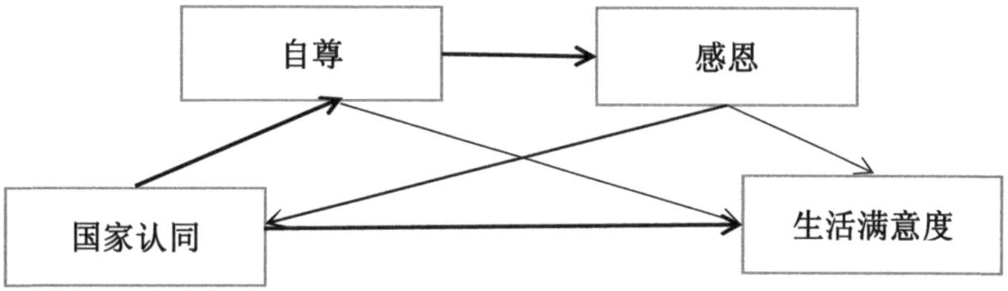

图3　自尊和感恩起的中介效应

（二）统计结果

1. 各变量的描述性分析

对国家认同、自尊、感恩、生活满意度四个变量的均值和相关关系进行现状分析，结果如下：国家认同（4.53 ±0.5）、自尊（4.11 ±0.53）、感恩（3.76 ±0.57）、生活满意度（3.57 ±0.71）。国家认同远远高于均值，当代大学生具有较高的国家认同水平。从表1看出两两之间呈现显著相关关系。国家认同

---

① 梁进龙，高承海，万明钢. 回族、汉族高中生的民族认同和国家认同对自尊的影响[J]. 当代教育与文化，2010(2)：63－67.

② Fredrickson B L. Gratitude, *Like Other Positive Emotions, Broadens and Builds*[M]//The Psychology of Gratitude. 2012.

与自尊存在着显著正相关($r=0.41, p<0.001$)；国家认同与感恩显著正相关($r=0.28, p<0.001$)；国家认同与生活满意度显著正相关($r=0.29, p<0.001$)；自尊与感恩显著正相关($r=0.251, p<0.001$)；自尊与生活满意度显著正相关($r=0.53, p<0.001$)感恩与生活满意度显著正相关($r=0.27, p<0.001$)。此结果为进一步进行链式中介效应分析提供了支持。

表7　各变量的描述性分析

国家认同	自尊	感恩	生活满意度	
$M \pm SD$	4.52 ±0.53	4.11 ±0.53	3.76 ±0.57	3.57 ±0.71
国家认同	1			
自尊	0.41**	1		
感恩	0.28**	0.25**	1	
生活满意度	0.29**	0.53**	0.27**	1

2. 中介效应分析

采用 Bootstrap 程序分析自尊、感恩两个心理变量在国家认同对生活满意度影响中的链式中介效应，自取样(Bootstrap Resamples)次数为 10000 次，偏差校正方法为 Bias Corrected。回归分析结果(见图 4)表明，国家认同对生活满意度的直接预测作用显著，国家认同直接正向预测自尊和感恩。自尊直接正向预测感恩，自尊和感恩分别正向预测生活满意度。中介效应的分析结果表明(如图 4 所示)：自尊和感恩在国家认同和生活满意度之间起中介作用，中介效应值 =0.06，占国家认同对生活满意度总效应的 15.38%。由图 4 可以看出中介效应由三条路径产生间接效应：通过国家认同—自尊—生活满意度产生间接效应 1(0.18)；国家认同—自尊—感恩—生活满意度产生间接效应 2(0.05)；民族认同—感恩—生活满意度产生间接效应 3(0.02)。

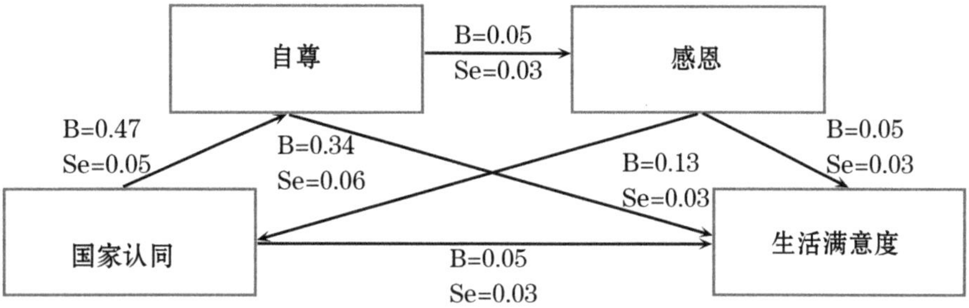

图4　中介效应由三条路径产生间接效应

（三）讨论

相关分析结果表明，国家认同、自尊、感恩和生活满意度两两之间均显著正相关。国家认同水平总体来讲较高（4.52 ±0.53），这一结果说明：当代的中国人具有较高的内部凝聚力和爱国主义热情，大学生对国家制度、文化等方面的认同也达到了非常高的水平。另外，近年来，国家特别关注课程思政课程对大学生的培育工作①，此结果进一步验证了大学课程思政取得了一定的成效，大学生对国家的归属感和满意度较高，对国家的发展前景也更为自信。

从统计结果，可以看出当前大学生的生活满意度相对较低，略高于均值水平，究其原因是与大学这一阶段所要面临的现实压力有关，大学是成人前期的准备阶段，大学生要提升自己多方面的能力，而不仅仅只是学业，大学生面临的人际关系、择业等方面的压力会空前加大②，再加上近年来社会巨变带来的适应问题，就业市场竞争程度的加剧，都会降低其生活满意度。

① 哈罗德·伊罗生. 群氓之族：群体认同与政治变迁：group identity and political change[M]//群氓之族：群体认同与政治变迁：group identity and political change. 桂林：广西师范大学出版社，2008.

② Martín-Albo, José, Nú? ez, Juan L, Navarro, José G, et al. The Rosenberg Self-Esteem Scale[J]. Spanish Journal of Psychology, 2007, 10(2): 458 -467.

社会认同理论认为对某一群体的认同能够提升社会个体的自尊水平，人们会依据自己所归属的社会群体的积极评价来形成积极的自我概念。相关和中介效应支持社会认同理论，对国家的积极认同预测着个体具有高水平的自尊，会帮助大学生形成积极的自我形象。高水平的国家认同能够促进大学生的生活满意度，对某一群体的认同会对心理健康发挥积极作用，使人们能够更有效地应对社会和心理压力源，帮助其提升幸福感和生活满意度。自尊是个体对其自我价值的感受，自尊越高的个体，自尊水平越高，自我价值感受愈高，个体的生活满意度也会提高。

感恩对个体的和谐稳定发展具备非常重要的意义，感恩往往与乐观、自尊、幸福感等积极情感正相关，链式中介效应分析说明，感恩在个体形成积极的群体身份认同、提升生活满意度中起到非常重要的作用。国家认同能够反映出国民的归属感及愿意为国尽责的意愿和行为，在现代社会中，大学生的国家认同形成日趋重要。对一个群体的认同，会获得更多的社会性支持资源，自尊水平会有进一步的提升①。而高水平的感恩，对给予支持的人心怀感激之情②，根据 Fredrickson 的积极情绪“扩宽和建立”模型③，感恩的人更有可能有更高的自我评价，往往更幸福，所感知到的生活满意度也会较高。自尊、感恩在国家认同与生活满意度之间的链式中介作用充分表明：大学生形成积极的国家认同，会获得归属感和安全感，对自己的国家形成一种积极的判断，而对自己所属国度的积极评价，进而对自尊的建构具有积极的影响，个体感知到自己所获得的社会支持，产生高水平的感恩情感，感恩往往会提高生活

① Mccullough M E, Bellah C G, Kilpatrick S D, et al. Vengefulness: Relationships with forgiveness, rumination, well-being, and the big five[J]. *Personality & Social Psychology Bulletin*, 2001, 27(5): 601 – 610.

② Chen, L. H., & Kee, Y. H.. Gratitude and adolescents' well-being. *Social Indicators Research*, 2008, 8(9): 361 – 373

③ Phinney, J. S., Cantu, C. L., & Kurtz, D. A. (1997). *Ethnic and American identity as predictors of self-esteem*

满意度的水平。

第四节　大学生国家认同的调查结果分析

一、国家认同现状分析

大学生国家认同中包含制度认同、政党认同、文化认同及情感认同四个维度，已有的调查结果表明当代大学生国家认同整体水平非常高，高于已有研究报告的数值，当今的大学生政党认同、情感认同水平最高，大学生对共产党的认同程度非常高（M =4. 89，SD =0. 23），共产党的执政理念、公信度已经得到了当代大学生的高度认可，深入大学生的内心，对党非常的忠诚，从内心深处非常认同党的工作成效。每个大学生从自己内心深处感知到共产生所带给自己家乡的环境变化，大学生普遍认为中国的安全感非常高，对自己身为中国人从内心深处感到自豪，爱国主义热情高涨。

文化认同（M =4. 83，SDS =0. 78）结果表明，当今大学生对中国文化具有很高强度的认同，大学生已经深刻地感知到中国文化的博大精深，领悟到自己所拥有文化的优越性，对自己深处的文化传统有着非常高的敬畏之心，随着课程思政大力度的实施，大学生对中国的文化内涵有了更加充分的了解，在认知层面有了清晰的加工，在情感层面达到了充分的融合，大学生对自己民族文化达到了高度的认同。

情感认同（M =4. 80，SD =0. 43）和制度认同（M =4. 76，SD-0. 34），大学生普遍对国家有着很深的情感，对自己作为一个中国人，拥有中国传统文化，传承中国文化而感到自豪，大学生普遍对民族、国家有着较高的责任感，集体主义观念比较强烈。大学生这个群体深刻地感知到中国制度的优越性，随着生活环境的改变,各种扶贫政策的实施,学生及其家庭生活所产生的变化以及面临突发应激事件中国相应制度所表现出来的优越性,使得大学生高度认同国家的政策法规,而且普遍具有较高的维法意识。

二、国家认同及相关变量的模型分析

国家认同是个体形成积极身份认同的基础。积极的国家认同能够为个体提供归属感、特定性和高水平的自尊,获得较高的社会支持。随着全球化、信息化和文化多元主义等新时代发展趋势的影响,当今青少年面临着认同困境,研究大学生的国家认同对中国社会的长治久安具有非常重要的意义,研究大学生国家认同现状及相关影响因素的作用就显得非常重要。大学生的国家认同无论对个体自身的发展、身心的核心稳定,和对中国社会的长治久安及繁荣昌盛,民族尊严的唤醒等均具有非常重要的意义。

基于现有研究心理学研究模型,将国家认同作为三种类型的变量来分析其影响机制,即将国家认同作为结果变量、中间变量和自变量来进行探究。积极国家认同的形成可以为个体提供自尊感、独特性和归属感,若未形成安全的认同,则会威胁个体的自尊、效能、独特性或连续性。对某一群体的认同,使人们能够更有效地应对社会和心理压力源,并与整体生活满意度相关。

三、国家认同作为自变量

(一)国家认同对积极心理的正向预测作用

对国家的积极认同预测着个体具有高水平的自尊,会帮助大学生形成积极的自我形象。高水平的国家认同能够促进大学生的生活满意度,对某一群体的认同会对心理健康发挥积极作用,使人们能够更有效地应对社会和心理压力源,帮助其提升幸福感和生活满意度。自尊是个体对其自我价值的感受,自尊程度越高的个体,自尊水平越高,自我价值感受愈高,个体的生活满意度也会提高。

感恩对个体的和谐稳定发展具备非常重要的意义，感恩往往与乐观、自尊、幸福感等积极情感正相关，链式中介效应分析说明感恩在个体形成积极的群体身份认同、提升生活满意度中起到非常重要的作用。国家认同能够反映出国民的归属感及愿意为国尽责的意愿和行为，在现代社会中，大学生的国家认同形成日趋重要。对一个群体的认同，会获得更多的社会性支持资源，自尊水平会有进一步的提升。而高水平的感恩，对给予支持的人心怀感激之情，会带来高水平的国家认同。

（二）国家认同提升逆境信念

国家认同既包含了规范性认知，又根植了相应情感。而个体的积极心态能提升对逆境的积极信念，对国家有强烈归属感的个人会更认同和强调乐观和积极应对的文化信念。而国家认同低的个体，心理健康也会降低，较差的心理健康水平会对个体认知取向产生不利影响。回归分析结果表明国家认同直接预测逆境信念、人生意义感，证实了精神生态模式的有效性。

中国文化既强调逆境的积极价值，也有对逆境消极接受的文化基因。大学生所持有的逆境信念决定着心理社会适应性，自我效能感和自我评价，受人生目标及规划的影响，而人生意义感能够引导个体追求和实现有价值的目标，激励个体追求和实现幸福。人生意义感能够中介国家认同对逆境信念的预测作用。

四、国家认同作为结果变量

大学生的国家认同是当代大学生需要形成最重要的集体认同。对于中国大学生来说，他们的民族认同既抽象又具体；既是认知的，也是行动的；既是情感的，更是实践的。在经济全球化的大背景下，国家和社会的内部稳定和团结取决于社会所有成员对国家的高度认可，大学生作为我国重要的人才资源和现代化社会建设的重要支柱，其对我国政治、文化、经济等各方面的认可显得尤为重要。大学生国家认同是大学生对本国的经济、政治、文化、历史的认同与自信,是巩固社会稳定、推进社会和谐的意识凝聚力与精神推动力。大学生国家认同有利于大学生树立科学的人生方向,“激发他们爱国主义精神和时代精神”,贯彻落实主流价值观体系在日常生活实践中的转化。

以国家认同作为结果变量,国家信任作为国家认同形成的预测变量,国家信任通过影响人生意义感进而影响国家认同。对国家信任的感知能够带来安全感和归属感,依据态度理论,个体在安全的环境下更容易建构出自我的发展目标,促使个体产生高水平成就动机和明确的趋向目标,国外已有的研究证实个体的成就动机能够激发高水平的国家认同,对生活有较高意义感的个体能将自我积极主动地融入团体中,维护集体的利益,使自己的行为符合集体的规范,对自己所归属的群体有着更强的社会责任感和为集体尽责的意愿和行为。中介效应表明国家信任、人生意义感不仅都可以直接预测国家认同,而且对自己所归属国家的信任,会促进个体感知到更高的人生意义感,进而增加国家的认同。

第六章
提升大学生国家认同教育的路径研究

大学生国家认同教育是落实高校思想政治教育中立德树人任务的主要途径，教育部在《教育部等八部门关于加快构建高校思想政治工作体系的意见》中为大学生认同教育工作明确了指导思想及具体任务要求①，同时也为大学生国家认同教育提供了宏观思想指导及具体操作方向。

大学生的国家认同教育工作在思想上要以习近平新时代中国特色社会主义思想为指导，全面贯彻党的教育方针，坚持和加强党的全面领导，坚持社会主义办学方向，以立德树人为根本，以理想信念教育为核心，以培育和践行社会主义核心价值观为主线，以建立完善全员、全程、全方位育人体制机制为关键，全面提升高校思想政治工作质量。在目标任务上以健全立德树人体制机制，把立德树人融入思想道德、文化知识、社会实践教育各环节，贯通学科体系、教学体系、教材体系、管理体系，加快构建目标明确、内容完善、标准健全、运行科学、保障有力、成效显著的高校思想政治工作体系。

---

① 教育部等八部门关于加快构建高校思想政治工作体系的意见，[EB/OL]. http://www.moe.gov.cn/jyb_xwfb/s271/202005/t20200515_454769.html, 2020-05-15/2020-11-01.

当今世界全球化、多元文化等境遇对大学生国家认同带来了认知、情感及行为的冲击,作为潜在的危险因素影响着大学生的国家认同。大学生的国家认同状况事关我国的稳定、和谐与繁荣。大学生的国家认同调查结果显示,我国大学生国家认同虽然整体状况良好,但在国家认同的个别维度上存在认同差异较大,认同感低的问题。例如,王冰玉(2019)在对大连高校的调查中提出,由于多元文化而导致的国家认同模糊,在政治制度、经济制度认同上存在差异较大,对我国传统文化不了解及认同感低的问题①。胡笑君(2020)在对广州高校的国家认同调查显示,大学生存在政治认知欠缺,政治关注与参与不足,政治动机功利的情况②。王文静(2020)的调查显示,一些大学生对国家阶级性质缺乏全面把握、对国家重要政策缺乏深入解读以及对国家发展成就缺乏理性认识的思想困境;以原初的情感认同国家、以消极的情感排斥国家以及以肤浅的情感看待国家的情感困境;从利益的角度出发看待国家、以结果为最终条件审视国家以及将个人与国家视为对立关系的价值困境;没有在行为上践行国家认同、在外力作用下产生被动认同行为以及国家认同行为具有不稳定倾向的实践困境③。由以上可见,加强大学生国家认同教育是高校一项势在必行的工作。

教育机制进一步完善与深化,提升高校国家认同教育质量。在《教育部等八部门关于加快构建高校思想政治工作体系的意见》中提出建立完善全员、全程、全方位育人机制的指导思想。为了有效做好大学生国家认同教育工作,梳理了以往大学生国家认同教育的文献,以期总结经验,发现不足,完善教育对策。

---

① 王冰玉.当代大学生国家认同感及其培育策略研究[D].辽宁师范大学,2020.

② 胡笑君.00后大学生政治认同研究[D].华南理工大学,2020.

③ 王文静.网络空间大学生国家认同困境研究[D].西南大学,2020.

欧阳磊奕(2019)对大学生国家认同问题做了分析，提出了高校教育理念建设不到位、配合利用网络通道等宣传教育不到位的问题①。胡笑君(2020)从社会、高校、家庭及个体因素提出了具体的不足点及协同机制不到位的问题，其在高校教育因素不足的分析中，指出高校的思想政治教育中针对性不强、实践性不足及创新性不够的问题。刘佳童在大学生国家认同教育的对策中提出以新媒体环境下动态监测为手段，预防大学生国家认出现偏差的观点②。鉴于目前国家认同教育中的一些不足，高校作为意识形态工作的前沿阵地，加强对大学生国家认同教育是责任与使命所在。

综上所述，可见对大学生的国家认同教育工作是非常必要的一项系统工作。鉴于以上分析，本章将以《教育部等八部门关于加快构建高校思想政治工作体系的意见》为思想与践行指南，提出大学生国家认同教育工作的具体对策，完善与深化该项工作，进而推动高校对大学的思想政治工作建设。

第一节　确立"以生为本"的国家认同教育理念

理念是行动的先导，教育理念的确立是国家认同工作的起点。教育理念从根本上回答了什么是教育、为什么教育、如何教育等问题。教育理念规约着教育的方向，指导着具体的教育实践，教育理念的发展是推进教育实践深化的前提和基础。大学生国家认同教育对策研究作为一项具有实践性质的工作需要现实实践工作经验的总结，更离不开科学的理论的指导。《教育部

① 欧阳磊奕. 大学生国家认同现状调查研究[D]. 江西师范大学,2019.

② 刘佳童. 新媒体环境下大学生国家认同存在的问题及对策[J]. 教育教学论坛,2020(46):114-116.

等八部门关于加快构建高校思想政治工作体系的意见》提出，把坚持以马克思主义为指导落实到教育教学各方面，全面推动习近平新时代中国特色社会主义思想进教材、进课堂、进师生头脑。马克思主义的辩证唯物主义与历史唯物主义作为科学的世界观与方法论，其关于国家论与人学论为大学生国家认同教育工作奠定了理论基础。

一、“以生为本”理念的思想基础

（一）马克思主义人学论的基本主张

以“学生为本”的科学内涵界定需要建立在马克思主义的人学理论及中国化的“以人为本”理论基础上。在系统梳理文献基础上，整理出马克思主义人学理论的基本主张及中国化“以人为本”的具体思想，以在此基础上科学界定“以生为本”，进而得出“以生为本”的国家认同教育内涵。马克思人学论中，认为应以人自身的需求、人的对象性活动和人的社会关系三者的统一为核心要素。通过把握马克思主义人学论的核心而了解其人学论，能抓住“纲”提到“领”，才能从根本上把握住马克思人学理论的思想精华和理论实质，从而为国家认同教育工作奠定理论基点①。

1. 人是“现实的人”

马克思主义者依据辩证唯物主义和历史唯物主义，提出人是“现实的人”。在马克思提出人是“现实的人”思想之前，哲学家、思想家关于人是“宗教人”“自然人”等众说纷纭。马克思主义关于人的思想则是在借鉴与反思前人基础上，没有片面的、孤立的、个体的研究人，而是把人放到一定的社会历

① 北京大学马克思主义学院. 马克思主义理论学科学术发展报告[M]. 北京：中国人民大学出版社，2018：441.

史条件中、在客观物质前提下探讨现实的人①。在马克思、恩格斯看来“现实的人”含义有四层：一是有生命的个人的存在；二是从事活动的；三是活动是在一定物质生活条件下进行；四是它的活动不是纯粹的个人行为，而是在彼此结合成的社会关系中进行的社会性行为。

2. 人的本质具有社会性

“人的类特性恰恰就是自由的有意识的活动。”这里所说的活动是指有意识的劳动实践活动，也是人与动物的根本区别②。在马克思看来，人的生产劳动不是孤立进行的，它必须借助一定的社会形势和社会关系，换句话说，单个人的有限性使他无法进行生产劳动，只有处在社会关系中的人，与其他劳动者发生密切的生产劳动互动，这使得人们在相互交往、互相竞争中产生各种需要，造就人区别于动物的各种社会属性。综上可知，人具有社会性，只有对人所处的全部社会关系进行全面分析才能从总体上把握人的全面特性。

3. 促进人的自由而全面的发展

实现每个人自由而全面的发展，是马克思主义人学理论的核心。《共产党宣言》指出：“代替那存在着的阶级和阶级对立的资产阶级旧社会的，将是这样一个联合体，在那里，每个人的自由发展是一切人的自由发展的条件。”这句话不仅阐明了人类的最高社会理想和追求，也是“现实的人”的最终发展目标。

全面发展是指人的某种内在东西的发展，发展什么及如何发展，则在于人内在本质是什么，据此，马克思对人发展内涵的界定含三方面：首先，表现为人劳动能力的全面发展，是指人的实践活动的丰富性和多变性，或者说人

① 蒋传光. 马克思主义法学的基本原理及其科学意义[J]. 法律科学(西北政法大学学报)，2018，36(6)：20－35.

② 徐正非. 马克思美的规律论新解[J]. 华中师范大学学报(人文社会科学版)，2003(1)：54－60.

不再受制于特殊的、固定的活动范围限制。其次，表现为人的社会关系的全面发展，是指人从分工、地域等带来的差异性及建立其基础上的人的社会关系的局限性中摆脱出来，形成全面、和谐的社会联系。第三表现为人的个性的全面发展，则是指人自身的独立性与自主性不断增强，人的潜能得到最大发挥①。

（二）“以人为本”在的历史发展

1.“以人为本”在中国历史上的发展

纵观中国历史，从管子的“务人”发展到孔子的“仁爱”，再到墨子“兼爱”思想，以及孟子“民本”思想等，形成以孔、孟为代表的中国系统“以民为本”思想体系②。改革开放后，将人作为发展的主体与发展的目的，努力实现人与社会的全面发展。

当前，以习近平同志为核心的党中央领导集体，将人的发展作为“四个全面”要求的价值旨归。纵观我国人本思想的发展，都强调尊重人、重视人及人的价值。

2.“以人为本”在西方的发展

西方人本主义思想起于古希腊时期，从当时“人是万物的尺度”理论可以看到对人的价值和作用的重视③。文艺复兴时期，人本主义主张人生的目的是追求幸福，人应遵从本性生活，反对禁欲主义和来世观念，提倡个性解放。西方近代人本主义者在继承文艺复兴时期人本主义思想的同时，把人的学说与唯物主义自然观以及对人的理性认识功能相结合。

费尔巴哈在《未来哲学原理》中指出：“神的主体是理性，而理性的主体是

① 胡雨晗. 论马克思人本质观的实践向度[D]. 中共中央党校，2019.

② 范志洁. 以人为本视域下高校思想政治教育研究[D]. 燕山大学，2018.

③ 张红霞. 文化多元化态势中的西方文化对我国社会的冲击与借鉴[J]. 当代世界与社会主义，2010(6):76-80.

人。”现代西方人本主义思想则是非理性主义形态，叔本华将意志置于理性之上，认为非理性的意志是世界本体和万物根源，更是人的本质，非理性的情、欲、意，哲学研究的对象应该是人的主观心理体验。以海德格尔、萨特为代表的存在主义，不再简单地拒斥科学与理性，而是试图把理性与非理性结合起来，给予理性充分的肯定，强调人在宇宙中的地位①。综上所述，尽管各哲学派别观点不同，但都表现出对人的地位、价值、尊严的重视。

二、“以生为本”国家认同教育理念的内涵

根据马克思主义的人学理论及中国化的“以人为本”思想的发展，“以人为本”就是以人为中心，把人作为根本，一切为了人，一切依靠人，坚持人的自然属性、精神属性和社会属性的辩证统一。“以人为本”体现了要肯定人在社会发展中的主体地位与作用；“以人为本”体现着一种价值取向，即要尊重人、解放人、依靠人、为了人和塑造人；“以人为本”体现着一种思维方式，即要求我们面对问题、分析问题及解决问题过程中，始终以“人”作为主要的衡量标准。具体到大学生，其内涵如下。

（一）发挥学生的主体性作用

马克思主义认为，人是认识世界和改造世界的主体，也即人在认识和改造外部世界和人本身的活动中所表现出来的能动性、自主性和创造性②。主体性作用具体到高校的国家认同教育中，主要是指教育者与受教育者之间传统关系的变化以及教育方式上的转变等。高校大学生或者说受教育者的能动性，是指学生在教育过程中，通过感知、思考认识到个人、国家及社会之间的关系，从而更理性地认识思想教育工作的意义及要求，从而自发调节个人心理及行为。自主性的发挥是指大学生对受教育的内容或信息不是消极被

① 袁振国．教育规律与教育规律研究［J］．华东师范大学学报（教育科学版），2020，38（9）：1－15．
② 萧前，杨耕．唯物主义的现代形态［M］．北京：中国人民大学出版社，2012：547．

动接受，而是有选择的、主动接受，从而吸收、同化或怀疑、拒绝。学生在自主选择接受教育信息的同时，创造、重建自己原有的思想架构，进而使自己的思想特性不断适应社会要求。

(二)理解、引导学生对利益的追求

人对利益的追求是人对满足现实需要的追求。历史唯物观认为，人的实践活动遵循物的尺度和人的内在尺度。遵循物的尺度也就是说遵循客观事物的本质及其规律性；遵循人的内在尺度也就是遵循人自身的需要。马克思主义认为："人类的联合今后不应通过政治手段进行，而是通过利益也即社会手段来实现，这个新原则为社会的运动奠定了基础。"马斯洛的需要层次理论告诉我们，人们必须首先满足吃、穿、住、行等基本物质需要后才去追求更高层级的精神利益的需要。

有些学生由于受国内外个人主义、拜金主义和享乐主义等思潮的影响，对物质利益的追求表现出不健康的状态，作为高校思想政治教育工作者的教师要以马克思主义的利益观来引导人们正确认识和处理各种利益关系，使学生在符合国家和集体利益的框架下来实现自身利益。

(三)促进学生的全面发展

马克思主义所说的人的全面发展，主要指每个社会成员的智力和体力都获得尽可能多方面的、充分的、自由的、和谐的发展。马斯洛的需要层次论将人的需要分为生理需求、安全需求、情感和归属需求、尊重需求以及自我实现需求。需求理论也反映出人一生的追求。

1. 形成大学生正确的政治观

政治观是人们关于国家的政治关系、政治活动的根本观点。政治观特指人们对党和国家的路线、方针、政策所持的根本立场、根本态度和根本方法。对学生进行正确的政治观教育，无疑有助于提高学生的思想政治素质。

2. 培养大学生良好的道德观

党的十八大报告中指出:“要坚持依法治国和以德治国相结合,加强社会公德、职业道德、家庭美德、个人品德教育,弘扬中华传统美德,弘扬时代新风”把立德树人作为教育的根本任务。”对学生进行社会主义道德教育,帮助人们树立社会主义荣辱观。

3. 促进大学生个性的充分发展

个性发展的程度是社会文明发展水平的一种标志,全体社会成员个性发展的水平越高社会总体创造力也就越大。马克思的全面发展理论认为全面发展与个性发展是统一的,“充分地”发展是指人的潜在能力得到完全的开发,“自由地”发展则强调人应该根据自身的特点和爱好有差别的塑造自己。高校的思想政治教育工作要对个人发展积极导,使人在实现自我价值的同时为社会进步做出更大的贡献。

4. 塑造学生完善的人格

人格表现为能力、气质、性格、需要、动机、兴趣、理想、价值观等方面的整合,是具有动力一致性和连续性的自我。教育的目的不仅在于发展人的个性还在于培养作为形成国家和社会主体的人本身,通过把外在的社会要求内化为受教育者的思想意识,然后再进一步将这种思想意识外化为行为和行为习惯,最终造就受教育者完善的人格。

5. 关注学生的差异性

大学生由于遗传、环境教育及其自身主观能动性的不同作用,在性格、能力思想上有着不同的差异,也存在着不同的发展潜力。高校学生思想政治工作只有树立尊重大学生个性差异的观念,全面细致地观察分析每个学生,因人而异,因材施教,给学生提供创造自主发展的空间,充分调动和发展学生的潜能。

第二节　大学思政课程提升国家认同

《教育部等八部门关于加快构建高校思想政治工作体系的意见》提出要健全立德树人体制机制,把立德树人融入思想道德、文化知识、社会实践教育各环节,贯通学科体系、教学体系、教材体系、管理体系,加快构建目标明确、内容完善、标准健全、运行科学、保障有力、成效显著的高校思想政治工作体系。

一、借助思想政治课程载体,不断提升大学生的国家认同

习近平总书记强调指出:“要教育引导学生正确认识世界和中国发展大势,从我们党探索中国特色社会主义历史发展和伟大实践中,认识和把握人类社会发展的历史必然性,不断树立为共产主义远大理想和中国特色社会主义共同理想而奋斗的信念和信心。”高校思想政治课是国家认同教育的重要载体,肩负着提升大学生国家认同的重要使命。思政课在帮助大学生建立政治意识、提升政治素养、确立社会主义核心价值观等方面产生着重要的影响作用,高校通过开展丰富的思政课的教学形式,达到对大学生国家认同的教育。高校思政课教学通过当前大学生的国家认同情况、思想问题及心理需求的一定的调查了解,寻求思政课教育的模式,有针对性地做好认同教育工作。

(一)丰富思政课的教学方式,提升大学生国家认同

教学方式的丰富多样化发挥学生的主体性,教学层次上的递进改变认知、促进情感及行为的变化。当前,有些高校的思政课“灌输”很多,教学过程中学生的主体性得不到发挥。因此,在教学中,应把国家认同教育与学生生活相联系,以大学生喜欢的形式,如小组讨论、问题微课等借助现代化信息手

段，增加课堂教学的趣味性，使枯燥的思政课变得丰富起来，学生也能够参与进来，师生互动、生生互动，增进政治认知能力。

（二）建立有效的评价体系促进大学生国家认同

评价方式也转变起来，把过程性评价与结果评价结合起来。国家认同的第一层次是学生认知上的变化，思政课本身的思想性、思维性极强，原有的试卷单一考核方式难以达到全面性。考核方式可结合问题现象，以论文及实践要求等多种方式，考核学生的认知及能力。

（三）贯彻"大思政观"，加强思政课教育的针对性

思政课的教育内容结合大学生关注的时事热点，增进认同。教学中，思政课教师在内容选择上结合大学生关注的热点时事，在此过程中引导学生理解党和国家的有关路线、方针及政策，在对时事热点的探讨中增进大学生的政治认知能力、判断分析及评价能力，使得学生在理解的基础上，认同自身国家的政治理论体系，进而产生情感上变化，从而改进思政课的教育效果。

二、结合时事热点，注重实践教学

（一）以思政理论为出发点，结合中华民族精神，达到国家认同教育

思政课理论与我国优良的民族精神、文化教育融合，可以使学生产生精神共鸣，有接受认知的欲望，进而达到情感上变化。如，对于"继承爱国传统"的内容时，可以加入祖国的自然地理风光、人文景观，历史的发展与历史文化，尤其当前疫情下我国团结一致抗击疫情的壮举等，让学生感受到中华民族源远流长的历史，培育其民族责任感、自豪感。

（二）结合当下热点问题，促进国家认同教育

思政课上关注国家热点问题研讨，增强教学的实效性。作为思政课教师，首先应具有政治的敏锐性，及时、准确地捕捉学生密切关注的时事热点，以研讨问题产生原因、带来的影响、解决的方式等。教学中，教师注意参与引

导，在师生互动研讨中来，使大学生认识到中华民族发展的历程与现状，体会我国政治体制与民族政策所带来的发展变化鼓励，达到认知情感的变化，促进民族认同。

（三）注重实践教学

实践教学是提升认知，加深情感教育，促进国家认同的有效手段。国家认同教育的养成既需要理论积淀，又需要实践养成思政课中的实践教学部分可以将所学的理论内化。一方面，开展校内实践，组织学生调查社会问题，就学生关注的时事热点开展研讨，激发学生关心时事、了解现行政策的热情，举办各种演讲会、讨论会、报告会等，成立由教师指导的爱国主义志愿小组，开展形式多样的爱国宣传活动；另一方面，高校要充分利用社会资源，尝试与民族企业、村落建立合作，让大学生到实地感受、了解源远流长的中华民族文化，提升民族认同，引导学生将“小我”融入“大我”之中。

第三节　“课程思政”中的国家认同教育

习近平总书记在庆祝中国共产党成立100周年大会上指出：“新时代的中国青年要以实现中华民族伟大复兴为己任，增强做中国人的志气、骨气、底气，不负时代，不负韶华，不负党和人民的殷切期望！”党的十八大以来，以习近平同志为核心的党中央围绕“培养什么人、怎样培养人、为谁培养人”这一重要命题，系统回答了“为什么”“做什么”“怎么做”“谁来做”等一系列理论和实践问题，为落实立德树人根本任务指明了方向。习近平总书记指出：“思政课是落实立德树人根本任务的关键课程，思政课作用不可替代，思政课教师队伍责任重大。”新的征程上，我们要牢牢把握新时代高校思政课教学要素的"变"与"不变",着力于教育一代代中国青年把青春奋斗融入党和人民事业,成为实现中华民族伟大复兴的先锋力量。

一、"课程思政"相关内涵

"课程思政"是"课程"和"思政"概念的有机整合,要确定"课程思政"的概念有必要先了解"课程""思政"的内涵。课程是指学校按照国家和社会的人才培养要求和目标而有计划、有目的地实施的教育内容和活动,学生按照规定所应修读和学习的内容及相对应的安排①。

"思政"即思想政治教育,"是教育者按照一定的社会或阶级的要求,有目的、有计划、有组织地对受教育者施加系统的影响,把一定的社会思想和道德转化为个体的思想意识和道德品质的教育"②。思想政治教育归根到底是为了满足社会和人的发展需要,"受教育者在适应与促进社会发展的过程中,不断提高思想、政治、道德素质和促进全面发展的过程"③。

思想、政治、品德三个概念构成了思想政治教育的最核心的内容,是教育者将社会要求的思想、政治、品德通过各种方式方法教给受教育者,使受教育者的思想、政治、品德符合社会的要求。思想,一般也称观念,是客观存在在人脑中经过思维活动产生的结果,思想教育就是对受教育者进行世界观的教育④;政治也是人的意识,但又与一般的意识不同,是上层建筑中与意识形态有关的内容,政治教育就是对受教育者进行符合统治阶级要求的政治观念和

① 汪洋."卓越教师"视域下的高师美术学(教师教育)本科专业课程体系与教学实践研究[D].华东师范大学,2018.

② 中国大百科全书出版社编辑部.中国大百科全书·教育.[M].北京:中国大百科全书出版社,1985:45.

③ 陈万柏、张耀灿.思想政治教育学原理[M].高等教育出版社,2018:4.

④ 郑芸,孙其昂.论思想政治教育学视角中的"思想"[J].河海大学学报(哲学社会科学版),2010,12(2):17-20+89-90.

立场①;品德是同一定的道德准则和规范相关的人的稳定的心理特征或倾向,品德教育就是通过教育使受教育者习得稳定的同社会要求一致的道德准则和规范②。

随着时代的进步、社会的发展以及受教育者的身心发展规律,思想政治教育的内涵也有所扩展,将法治教育、心理健康教育、网络思想政治教育等内容也包含在内,现有的各类政策文件或研究中提到的思想政治教育通常就是"大思政"的概念③。

1."思政课程"与"课程思政"

"思政课程"即为开展思想政治教育而设定的课程。在不同学段有不同的名称,也会被统称为"德育课程"。2016 年初中和小学更名为《道德与法治》,高中仍用《思想政治》。在高校,思政课程指的是思想政治理论课,其课程体系历经几十年变化发展,逐步完善,成为统领大学生思想政治教育的主阵地。高校思想政治理论课程是一种德育课程,与智育、体育、美育等课程具有不同的建设特点,是摆在所有课程首位的;同时思想政治理论课程也是一种理论课程,与实践或活动课程具有不同的特点;另外思想政治理论课程还是公共必修课程。

"课程思政"是近年来在教育教学改革的实践当中,通过对思想政治理论课、综合素养课(通识课)和专业课程进行功能定位,推进思想政治理论课方式方法创新,在综合素养课(通识课)及专业课程中融入思想政治教育元素等一系列改革。"课程思政"并不是增加一门课程,而是将现有课程作为开展思想政治教育的载体,同样也有明确的教育目标、内容、方法,但与思想政治理

① 陈新汉.论核心价值体系[J].马克思主义研究,2008(10):5-12.

② 戚静.高校课程思政协同创新研究[D].上海师范大学,2020.

③ 王东虓,魏晓璐,尹红领,刘兴华,赵颖,冯慧,高昂,孙彤,谭宇.社会主义核心价值观长效机制研究(笔谈)[J].郑州大学学报(哲学社会科学版),2018,51(3):15-37+158.

论课有严格的区分，强调将思想政治教育通过渗透等方式进行开展，以实现立德树人的根本任务，突破了以前只教书不育人的藩篱①。

2. 学科德育与课程思政

“学科德育”和“课程思政”有着一定的同质性，都是指在课程中开展育人活动②。在课程思政理念被提出之前，中小学开展的学科德育探索已经成为被广泛接受的理念，为高校课程思政的开展提供了可行性的参照。当然，两者也因为不同于中小学的“学科德育”，其发展经历了多年的探索。2000年中共中央办公厅、国务院办公厅颁布《关于适应新形势进一步加强和改进中小学德育工作的意见》中指出，“德育要寓于各学科教学之中，贯穿于教育教学的各个环节”，充分体现每一门学科的育人功能。

“学科德育”概念中的“学科”就是科目的意思，因此，“学科德育”也主要是运用在基础教育中，指的是在语文、数学、英语等每一门科目中开展德育③。“课程思政”这一概念也适用于高校，是学科门类下不同专业所设置的不同课程中融入思想政治教育。

3. 课程思政的具体内涵

2016 年全国高校思想政治工作会议召开后，作为对学科德育理念的一种深化和拓展，课程思政被正式提出来并得以迅速推广。它对于高校坚持社会主义办学方向、确保育人工作贯穿教育教学全过程、实现立德树人的根本要求等有着重要意义。所谓课程思政，简而言之，就是高校的所有课程都要发挥思想政治教育作用。用好课堂教学主渠道，充分理解课程思政的丰富内涵，深刻把握课程思政的价值意蕴，系统规划课程思政的生成路径，对于高校

---

① 路涵旭. 课程思政视域下专业教师与思政教师协同育人路径研究[D]. 河北师范大学，2020.

② 彭均. 高校专业课与思想政治理论课协同育人研究[D]. 西南大学，2020.

③ 李百艳. 走向现代学校治理的对话机制建设研究[D]. 华东师范大学，2019.

坚持社会主义办学方向，培养德才兼备、全面发展的人才具有重要实践意义。

二、课程思政已有研究成果

（一）课程思政的作用意义

坚守主旋律，强调所有课程同向同行，对大学生的价值观培养能发挥引领作用。思想政治理论课作为高校思想政治教育的主渠道，承担系统化开展马克思主义理论教育教学的主要职责；通识课等综合素养课程，则注重在培养人的综合素质过程中牢铸理想信念，以人文素养涵养人心、培育人格；而哲学社会科学和自然科学课程则作为专业课，在其具体的知识、学理、技术等的教育中凸显价值引领和精神塑造功能①。各类课程相辅相成，体现课程思政"知识传授与价值引领相结合""显性教育与隐性教育同发展"的目标和导向，共同作用和服务于立德树人根本任务。

（二）探讨课程思政的建构方式

课程思政无论从观念、载体、内容等方面均进行了创新。通过创新思想政治教育理念，充分挖掘和充实各类课程的思想政治教育资源，促进包括综合素养课、专业课在内的各类课程与思想政治教育有机融合，从而扩展思想政治教育内涵及外延，实现全员育人、全课程育人的大思政局面。

课程思政建设的重点在思政，关键在教师，重心在院系，成效在学生②。在课程思政改革中应避免思想政治理论课的通识化，思想政治理论课的教育应当围绕课程教学大纲、紧贴教育实际与育人目标的需要展开。同时，高校思想政治理论课应当做到与通识教育功能互补，共同培养健全公民的完整人格，以塑造大学生的全面素质。高校思想政治教育也可以借鉴通识教育灵活多样的教学方法。

---

① 戚静. 高校课程思政协同创新研究[D]. 上海师范大学，2020.

② 赵继伟. 关于"思政课程"与"课程思政"辩证关系的思考[J]. 思想政治课研究，2018(5)：51－55.

课程思政建设要重视教师、教材、教育资源三要素①。课程思政实施效果如何,很重要的一个因素就是教师。教师的理想信念、言行举止、学识观念、爱好习惯等都潜移默化地影响着学生。首先,从思想层面上,教师要转变教学理念,把关注学生发展作为教育追求之一。其次,从行为层面上,教师要成为知行合一的道德实践者与示范者。只有教师道德认知与其道德行为一致,才更有利于促进学生道德认知向道德行为,达到“亲其师”而“信其道”。教师在显性教育中发挥着价值导向的功能。

教材建设是育人育才的重要依托。教材的意识形态属性较强,反映了执政党、国家和社会的主流价值观。教材的建设既要兼顾知识传授,又要内隐价值观建设,在内容上要尽力避免脱离实际,在规范上要做到继承完善现有学科体系。

对思想政治教育资源的深入挖掘,是每门课践行课程思政理念的重要保证。如应用技能型的工科课程可以在工程实践环节探讨有效形式来融入思想政治教育元素,自然科学类的课程可以挖掘知识体系以外的求知品德、爱国精神等人文精神与育人价值。

三、课程思政工作的当前部署

2016 年 12 月,全国高校思想政治工作会议召开,习近平总书记发表重要讲话,更进一步指出各门课程都要守好渠、种好田,与思想政治理论课协同发力,共同做好思想政治教育。2017 年 2 月,中共中央、国务院印发《关于加强和改进新形势下高校思想政治工作的意见》,提出“在日常课程体系中纳入国家意识、法治意识、社会责任意识教育和民族团结进步教育、国家安全教育、科学精神教育”,进一步强化在日常课程体系中开展德育工作。

---

① 孙朝阳. 层次分析与改革实践:课程思政切入点设计的三个维度[J]. 河北大学学报(哲学社会科学版),2020,45(6):146－154.

2017 年 12 月 6 日，教育部发布《高校思政工作质量提升工程实施纲要》，提出将规划“十大育人”体系实施路径和方法，并建设一批“三全育人”示范区和示范校。2018 年 10 月，教育部印发《关于加快建设高水平本科教育，全面提高人才培养能力的意见》（以下简称“新时代高教 40 条”）等文件，针对高水平本科教育建设的重点难点问题，以实施“六卓越一拔尖”计划 2.0 为牵引。

四、课程思政的实施有助于推动大学生国家认同教育

习近平总书记在 2016 年全国高校思想政治工作会议上强调，要“把思想政治工作贯穿教育教学全过程”。除思想政治理论课外，其他各门课程也要加强思想引领，所有学科的教师都应发挥好育人的作用。践行课程思政的理念，贯彻落实习近平重要讲话精神，既是提高思想政治理论课的教学效果、提升思想政治工作质量的重要保证，也是培养时代新人的内在需要。

（一）课程理念

课程思政认为，发挥课堂的作用，加强课堂教学与思想政治教育的融合，强化通过课堂教学来增强育人的实效。高校更核心的任务在于价值引领，担负起引领大学生成长成才的使命。对大学生开展思想政治教育，并不是线下思想政治工作的“专利”，也不只是思想政治理论课的“专利”，而是所有老师、所有课程共同的使命。因此，利用好课堂教学，也是对提升大学生国家认同的重要途径。

教师在课堂教学中要注重理论与实践相结合，立足于中国特色社会主义建设的伟大实践，讲好中国故事，从每门课的知识点中挖掘思想政治教育资源，在课堂中做到育才与育德的统一，以“润物细无声”的方式引领学生关心党的发展和国家建设、引领学生处理好个体成长与奉献社会的关系，为涵养社会主义核心价值观提供理论基础、为践行社会主义核心价值观提供精神

底色。

(二)课程思政具体实施措施

1.课程内容

课程内容上不求全面但求深入,在理论体系的逐渐完善中教育引导学生认识大势。例如,贯彻坚持和发展中国特色社会主义、实现“两个一百年”奋斗目标,实现中华民族伟大复兴中国梦,“五位一体”总体布局、“四个全面”战略布局,以新发展理念引领经济发展新常态、中国特色社会主义民主政治、意识形态领域斗争和文化强国战略,以人民为中心的发展思想实施精准扶贫和打赢扶贫攻坚战,构建人类命运共同体,通过深入精辟的讲解教会大学生正确认识世界和中国发展大势、正确认识中国特色和国际比较,正确认识时代责任和历史使命,正确认识远大抱负和脚踏实地,坚定“四个自信”。

2.讲授方法

教学方法上注重开拓创新,在形散神聚中增强教育教学的吸引力和感染力。以讲解现实案例为主要形式,融合课堂主讲、现场回答、网上互动、课堂反馈等多种教学方式,巧妙地寓社会主义核心价值观的精髓要义于多样化的课堂教学之中,在引人入胜、潜移默化中实现教育目标①。“把理论融入故事,用故事讲清道理,以道理赢得认同,以悟道取代灌输”,通过教学转化,深刻的理论不再是简单的灌输,而是以润物无声的方式,通过启发学生的思考,进而逐渐转化为学生的认知结构。

3.策略运用

发掘知识体系中天然自带的科学理性价值观。教育是培养人自由全面发展的根本方法。学校教育从其诞生伊始就肩负向人们传授社会生产知识

---

① 岳莉.大学英语课程思政供给侧改革路径探析[J].华北理工大学学报(社会科学版),2021,21(4):85-90.

经验和培养人们一定思想品德与社会意识的社会职能①。高校课程思政的建设就是让专业课程教学也具有育人功能，也就是说专业教学也应该将教书和育人有机统一起来，发掘知识体系中天然自带的科学理性价值观。

彰显科学发展中时时闪耀的先辈楷模示范性。一个专业得以发展到今天，必然有无数的理论和实践的先驱者，在每一次探索中不怕失败与挫折，是这个专业的先辈楷模，更是职业道德的最好体现，承载中华民族上下五千年的优秀传统文化，承载了中国近现代以来发展的奋斗史，因此，在课程思政建设中，通过彰显科学发展中时时闪耀的先辈楷模的示范性，能够更好地进行专业教育，真正让专业深入学生的心中。

突出专业设置中无处不在的国计民生关联度。专业设置的最终目标是培养符合国家和市场要求的人才，能够以国计民生为职业选择的导向，因此课程思政建设中必须突出与国家建设和民族发展的关联度，让学生了解民情、了解社情、了解国情，引导学生正确认识世界和中国发展大势，正确认识中国特色和国际比较，正确认识时代责任和历史使命，正确认识远大抱负和脚踏实地，在毕业时能够在基层和边疆奉献青春力量和专业才能，真正实现专业培养目标。

4. 融入中华民族传统文化

在全球化时代，国家认同面临着空前的危机，优秀传统文化教育是促进中小学生国家认同建构的重要途径。优秀传统文化教育主要通过思想精华的传承，传统美德的彰显和文化符号的强化来促进学生的国家认同。在优秀传统文化教育促进中小学生国家认同的基本取向方面，要转换与发展优秀传统文化，兼顾族群认同与国家认同，注重国际视野理解下的国家认同。在具

① 郑俊玲. 高校大思政育人模式分析——兼论专业教师与思政工作者协同育人问题[J]. 宏观经济管理，2017(S1)：157－158.

体路径方面，要通过课程统筹以及协同开发与共享，构建优秀传统文化课程体系；注重教育的融合性、体验性和开放性，创新优秀传统文化教学方式；关注学生的生活经验和日常实践，推动优秀传统文化教育走向生活。

5. 强化实践活动

强化实习实践中真实可信的事业生活指导感。各高校在课程思政的探索中，都一定程度上开展了相配合的一二课堂甚至是三课堂，将知识传授、能力培养、价值引领从第一课堂中延伸到第二、第三课堂中，实现知行合一。不论是考察、竞赛还是实践，强化实习实践中真实可信的感受，实现理论联系实际的统一。

第四节　校园文化建设助推国家认同

每个国家的公民都在公共文化生活中成长，这种公共生活能够促进国家归属感和荣誉感的形成，而学校作为培养合格公民的场所，校园内部的公共生活直接影响着国家认同教育的结果。因此，当下国家认同教育应当注重学生综合性认同感的养成，尤其是参与校园公共文化生活，进行公共交往活动，开展公共事务合作，促进学生作为校园公共生活主体的归属感、荣誉感和公共责任感，从而使个人的利益与情感和集体、国家融为一体①。

校园文化是学校的灵魂，孕育着深沉的教育力量。爱国是一个人最基本的价值准则，校园文化对大学生爱国价值观培育具有重要的意义。悠悠华夏绵延千年，高校要在校园文化建设中让大学生感悟中华优秀传统文化，增强

① 杨淑萍. 公共精神的生发逻辑及青少年公共精神的培育路径[J]. 教育研究，2018，39(3)：27－34.

国家认同;弘扬革命文化,丰富爱国情感;立足社会主义先进文化,落实爱国行动,校园文化建设成为提升大学生国家认同教育的重要载体。

一、校园文化概述

(一)校园文化的内涵

校园文化是全校成员在长期教与学的实践活动中,以我国先进文化为主导,以学生为主体,以各类校园活动为基本载体,以所处校园为主要活动空间所创造出的一种群体性文化①。校园文化的本质是一种人文环境和文化氛围,主要包括校园当中的物质文化以及精神文化。校园物质文化主要表现为在校园内部随处可见的建筑景观、绿化园林等有具体实物的物化形态,而精神文化多表现为学校传承的校风校纪、存有的文化氛围,优良风气及价值倾向等,体现出了一个学校的价值准则。

校园文化因为其所具有的重要意义,已经成为我国社会文化建设的重要组成部分。当今社会,随着经济的不断发展及信息社会的普及化,对个体的知识文化水平的要求越来越高。因此,校园文化在我国社会文化建设中发挥的作用变得越来越重要,对提升大学生国家认同水平具有非常重要的显性与隐性功能,极容易在大学生身上形成"烙印",因此,注重校园文化建设,可有效提升大学生的国家认同。

(二)校园文化的功能

1. 教育功能

教育是一项有目的、有计划、有系统地培养人的活动,国家规定的是培养德智体全面发展的社会主义建设者和接班人,校园文化首要功能为教育功

① 秦茜. 试论高校校园文化在大学生思想政治教育中的作用[J]. 教育教学论坛,2018(12):45-48.

能，而教育功能表现在思想政治教育及知识文化教育这两个层面①。其中，校园文化的思想政治教育主要是要帮助学生梳理马克思主义哲学观，培养正确的世界观、人生观、价值观，帮助学生形成高尚的道德品质和人生追求。

校园文化教育功能的发挥借助于文体活动、宣传庆祝活动以及进行的相关比赛活动等，通过这些活动起到对学生的积极影响，帮助学生潜移默化地掌握学校所传承的价值倾向。而知识文化教育功能的发挥则借助于学校举办的各种各样的校园文化实践活动，第二、第三课堂。

2. 辐射功能

校园文化是一种较高层次的社会文化，不仅会对校园中的师生产生重要影响，还会对整个社会产生一定影响。校园文化可助推全体社会成员形成优良的道德品格和修养，形成完善的人格。

学校应进行有效和积极的制度引导与环境创设，给予学生更大程度上的自主权，开展形式多样的校内公共活动，同时有效衔接社会上的公益性实践活动，扩展学生的公共参与领域，让学生情感和行为更具有公共性和社会性，社会公民和国家主人的主体意识充分彰显，对于社会和国家的认同感与归属感得以发展，最终在日常化的公共文化生活的参与中增进国家认同的认知、情感与行为②。

3. 激励与约束功能

任何人都需要有一种归属感，需要得到他人的认同与尊重，校园中的师生也是如此③。良好的校园文化有助于培育全面发展的高素质人才，同样也

① 王学俭，杨昌华. 立德树人：中国特色社会主义高校的立身之本[J]. 新疆师范大学学报（哲学社会科学版），2018，39（1）：54 – 62 + 2.

② “中国特色高等教育思想体系研究”课题组，周远清，瞿振元，陈浩，刘献君，别敦荣，周光礼，宣勇. 中国特色高等教育思想体系举要[J]. 中国高教研究，2017（4）：1 – 25.

③ 刘云杉. 自由的限度：再认识教育的正当性[J]. 北京大学教育评论，2016，14（2）：27 – 62 + 188 – 189.

会激励校园中的其他人向优秀者看齐，取人之长，补己之短①。校园文化的激励功能会促使全校形成追求卓越的良好氛围，激发学生的学习工作热情与创新创造能力②。校园文化同样也会蕴含着相应的道德评价和心理制约力量，使全校成员在道德和法律所允许的范围内参与活动，进而产生共同的价值准则，形成良好的自我约束能力③。

二、校园文化建设中大学生国家认同的培育路径

（一）传承优秀传统文化，增强大学生国家认同

中华优秀传统文化历经中华民族几千年的历史演变而逐步形成，包含着中华民族的思想文化、思维习性、人文习俗、生活习惯，是中华文明成果的根本创造力④。如，爱国主义为核心的民族精神、"仁者爱人"的重德精神、"君子和而不同"的宽容精神、"天行健，君子以自强不息"的自强精神、"知之为知之，不知为不知"的求实精神，都是中华民族在长久地发展中创造出来的生生不息代代相传的精神财富⑤。由此看来，中华优秀传统文化是在中华民族长期的历史变迁过程中慢慢形成的，对历史发展进步具有积极推动作用，并且时至今日仍然具有重要价值。

培育大学生国家认同教育，在校园文化建设当中要深入挖掘中华优秀传统文化之精髓，中华民族在五千多年的发展进程中，既创造了绚烂辉煌的物质文化，也创造了博大精深的精神文化，它们对中华民族的生存和发展起到了十分重要的作用⑥。悠久的社会历史、广博的哲学思想、灿烂的美学艺术以

---

① 刘楠楠，刘彩娜，张永利. 校园文化建设与大学生爱国价值观培育探析[J]. 边疆经济与文化，2021(5):88-90.

② 王建勇，韩成君. 以校训精神涵育核心价值观[J]. 华夏教师，2015(1):17-22.

③ 杨红旗. 以校训建设弘扬社会主义核心价值观[J]. 产业与科技论坛，2016，15(20):177-178.

④ 新时代教育：文化坚守与国际融合[J]. 教育与教学研究，2018，32(8):82-124.

⑤ 肖群忠. 传统道德与中华人文精神[M]. 北京：中国人民大学出版社，2019:426.

⑥ 新时代教育：文化坚守与国际融合[J]. 教育与教学研究，2018，32(8):82-124.

及在这些文化传统中所孕育产生的无数的杰出政治家、思想家、艺术家等，是中华民族的珍贵财富，更是坚定大学生文化自信、提高大学生国家认同感的宝贵素材①。

（二）弘扬革命文化，丰富大学生爱国情感

革命文化在我国文化发展的历史过程中起到了传承、协调与发展革新的效用，它既传承了中华优秀传统文化，又引领和发展了我国社会主义先进文化②。革命先烈用自己的鲜血甚至是生命完成了民族解放与人民独立，在这一过程中形成的革命文化深深地影响着一代又一代的中华儿女。传承革命文化、解读革命历史，五四精神、井冈山精神、西柏坡精神等弥足珍贵的文化宝藏和精神养料，具有不可磨灭的重要价值。培育大学生爱国价值观，丰富其爱国情感，要使广大青年学生真正意识到如今的幸福生活是靠着革命先辈的浴血奋斗换来的，我们有理由也更应当热爱自己的国家，要使革命文化成为大学生爱国价值观培育的有效载体。

（三）立足社会主义先进文化，落实大学生国家认同教育

社会主义先进文化是与当前先进的社会生产力相适应的文化，它以马克思主义为思想指导，以培养有理想、有道德、有文化、有纪律的公民为根本任务，是面向现代化、面向世界、面向未来的，民族的、科学的、大众的文化③。立足社会主义先进文化，全面提升当代大学生的思想道德素养，促进其全方位发展，更有助于大学生落实爱国行动。

在校园文化建设当中培育大学生爱国价值观，要立足社会主义先进文

---

① 刘明福，王忠远．习近平民族复兴大战略——学习习近平系列讲话的体会[J]．决策与信息，2014（Z1）：8－157＋2.

② 郭长义．青年学生中国特色社会主义文化自信研究[J]．沈阳师范大学学报（社会科学版），2018，42（6）：46－52.

③ 吴潜涛．思想政治教育主阵地的守望与探究[M]．北京：人民出版社，2020：153.

化。社会主义先进文化是一种理想信念,能够指引人们奋斗的目标;是一种精神纽带,能够促进民族融合、维护国家安定;是一种价值观念,可以塑造人的灵魂品格,规范人的行为举止。立足社会主义先进文化,必须牢牢把握住社会主义先进文化的前进方向。

第五节 开展丰富多彩的实践活动,提高大学生国家认同感

1. 以我国传统节日促进大学生的文化认同

传统文化节日蕴含着民族凝聚力、蕴含着悠久的文化传承,促进大学生文化认同。根据调查,我国传统节日文化在当代大学生群体中认知度不够高,学生群体的民族文化认同感较弱。世界一体化的发展,使中国文化与世界文化不断交流与融合,西方意识形态逐渐被一些中国大学生所接受,影响着他们的价值判断和选择。

我国的传统节日,在一些大学生群体中是流于形式的,《中国教育在线》的相关调查显示:百分之五十的大学生对于中华传统节日文化失去了兴趣,百分之四十表示无所谓,仅仅只有百分之十的大学生关心传统节日文化[①]。针对以上情况,高校开设了与传统节日文化相关的公共课程,强化中华民族的历史传统、历史文化和民族精神,让博大精深的传统文化增强大学生的民族文化自信心和自豪感。在社会层面,发挥新闻媒体的引领作用,加强对民族传统节日的舆论引导;在政府层面,发挥政府的主导作用,加强对传统节日

① 刘广浩.新媒体时代提升高职学生文化自信的价值与路径[J].职教通讯,2019(20):75－79.

文化的重视和保护,充分发挥政府弘扬和传承传统节日文化的主导作用。

2. 依靠大众传媒宣传正能量

新时代是一个信息化时代,大学生可以通过大众传媒得到的信息作为对社会事实的判断依据,大学生认为这些来自大众传媒的信息具有一定的权威性和不可替代的性质。一方面,充分利用大众传媒信息在大学生心中的可信度,借此向大学生传播中国的政治、经济制度,以及中国文化的发展。

大学生通过大众传媒所获得信息,比单纯地通过教材、课堂灌输知识获得的信息的国家认同教育效果好得多。利用大众传媒来传播正能量信息,使国家意识深入到各个层面,创建一种国家意识无处不在的良好舆论氛围,让大学生可以随时通过大众传媒来获取国家意认同教育的信息,受到这些正能量信息的感染。另一方面,要注重大众传媒所带来的负面信息影响。一些媒体为博眼球发布负面信息,给大学生造成一定的负面影响。所以要从两方面加强监督和管理,确保大众传媒上传播正能量信息。

第一个方面是对以国家认同为主题的网站进行优化建设。由于网络日渐发达,许多高校充分利用网络增加对大学生思想教育力度,同时也为国家认同教育提供了网络平台,创建了国家认同教育的相关网站。但是一些高校在网站上发布的国家认同教育内容大多数是照搬或照抄,且以灌输知识内容为主,缺乏对学生的吸引和感染,需要优化专题网站建设,所搭建的网站一定要确定以大学生国家认同作为主要目标,同时发布的知识性信息要具有吸引力,可以通过图片、音频或视频的方式来吸引大学生,传播有利于学生激发国家情感的信息。

第二个方面是可以以国家认同教育内容为核心在微博和微信上搭建平台。使用微博和微信平台发布信息的方便和自由,受到了当代大学生的喜欢。但是通过调查发现,许多大学的微博和微信平台主要发布有关学校的信息，例如讲座和通知等，没有完全发挥对大学生在思想行为方面起到该有的引导作用。为了充分发挥微博和微信平台的教育功能，各高等教育学校可以借鉴一些成功案例，抓住各种重要的节日及庆典，结合实际宣扬国家认同之情。

第七章
红色文化提升大学生国家认同的区域研究

习近平总书记在庆祝中国共产党成立100周年大会上深刻指出:“一百年来,中国共产党弘扬伟大建党精神,在长期奋斗中构建起中国共产党人的精神谱系,锤炼出鲜明的政治品格。”此前,习近平总书记在党史学习教育动员大会上指出:“要教育引导全党大力发扬红色传统、传承红色基因,赓续共产党人精神血脉,始终保持革命者的大无畏奋斗精神,鼓起迈进新征程、奋进新时代的精气神。”

红色文化是中国共产党及其领导的革命、建设和改革成功经验的历史积淀,具有鲜明的时代主题,有着不可替代的时代价值与教育价值,是凝聚人心、激励进步的重要资源。当前社会环境复杂多样,加强红色文化宣传教育,对于抵御错误观念,增强国家认同具有重大的意义。

红色文化是中国优秀文化的一部分,增强红色文化软实力是提升国家文化软实力的关键举措。河北省作为受革命老区,红色文化资源丰富,加强河北省红色文化建设是进一步推进河北省文化软实力发展的重要维度。本研究认为红色文化建设包含红色文化内涵研究,红色人才培养和红色产业建设三方面内容要素，加强河北省红色文化软实力建设具有经济、文化等多方面的价值。

第一节　红色文化相关的定义及理论概况

一、定义

关于红色文化的相关概念，国内学者在界定的过程中，产生了不同的意见，也总结出了不同的结论，可谓百家争鸣，但到目前为止，还没有统一的结论①。而产生这种现象的根本原因在于我国革命文化历史背景极其丰厚，单一的维度与视角只能得出片面的结论，以偏概全是学者们普遍反感的现象。

（一）红色文化

红色文化有广义和狭义之分，从广义上看，红色文化指在世界社会主义运动历史进程中社会大众的物质财富，思维意识和精神领域的发展程度与进步水平；从狭义来看，红色文化是在新民主主义革命时期及社会主义现代化发展进程中，在中国共产党的领导下，由中国共产党人、一切先进分子和人民群众共同创造的、具有中国特色的先进文化②。

红色文化的可以划分为物质、制度与精神三个层面，它是物质文化、制度文化和精神文化这三者的有机统一体③。从物质层面来看，体现为各处物质实体，如红色文化旧址、名人纪念馆、烈士陵园等；从制度层面来看，体现在理

① 宋丹．当代大学生家国情怀培育研究［D］．河北师范大学，2021．DOI：10．27110/d．cnki．ghsfu．2021．001377．

② 李帅旭．红色文化融入大学生政治认同教育研究［D］．西华师范大学，2021．

③ 韦柳，张小珊．河池红色文化资源的主流意识形态教育功能［J］．中共太原市委党校学报，2022（1）：45－48．

论、政策、方针等方面；从精神层面来看，红色文化源于革命、建设和发展过程中的优秀思想、精神的总和，集合了革命烈士至死不渝和视死如归的信念与品质，涵盖了顽强奋斗、奋发图强的创造精神等，是我们国家与人民的宝贵财富。本文所研究的红色文化为狭义上的红色文化，是一种极具民族特性的中国特色社会主义文化理念，富含深厚的历史文化底蕴和崇高的精神价值追求。

（二）红色文化资源

基于基本内涵角度，红色文化资源可以从以下三个方面加以界定，分别是物质、精神和行为①。第一，物质方面，红色文化以人或事为载体；第二，精神方面，红色文化主要指革命年代的精神和思想，能够集中反映出广大人民群众在中国共产党领导下，积极改造历史所形成的伟大精神成果；第三，行为方面，红色文化主要体现出人民群众的精神生活，是反映人民群众精神面貌的一系列创造性活动。在中国近现代发展过程中，广大劳动人民在中国共产党领导下，从土地革命到解放战争再到进行伟大的社会主义现代化建设，在各个时期均留下了丰功伟绩，涌现出大量的先进人物和不怕牺牲，敢于拼搏的奋斗精神。

红色文化是在中国近代新民主主义革命中产生，并在随后的社会主义建设中持续发展的，并伴随着我国社会主义现代化建设的实践活动，不断得以丰富和发展。红色文化并非一成不变的某种精神含义，红色文化自身带有强烈的时代内涵，是不断继承和发展我国优秀传统文化而形成的“红色果实”②。

---

① 王浩，李树信，张璐．基于旅游者分类的四川长征主题红色旅游产品开发策略［J］．四川旅游学院学报，2022（2）：44－50.

② 彭陈．红色文化涵养大学生价值观的理论前提与实现路径［J］．长沙大学学报，2021，35（1）：7－12.

二、红色文化特征

（一）教育性

红色文化具有教育性①。近年来，国家对文化建设的重视程度不断加深，人民的民族自豪感不断增强，但同时我们也要看到，当前社会环境复杂多变，社会中多种思想交错纵横，除主流文化之外，在社会中也存在着多种错误思想文化，而红色文化作为历史所传承积淀下来的中国革命建设发展过程中的先进文化，对于青少年具有重要的教育作用。青少年通过红色文化的学习以及探寻红色文化旧址，能够设身处地地感受革命先辈的峥嵘岁月，并深切地体会到革命前辈崇高的品质，使其自觉受到熏陶和感染，从而提升自身道德品质。

（二）继承性

红色文化是在中华民族的发展历程中土生土长的优秀文化，是中华民族优秀道德品质以及顽强意志的体现，中国文化博大精深、源远流长，红色文化也是其中的宝贵资源，因此需要将其继承和发展，使宝贵的红色文化基因发扬光大，青少年是祖国的未来，红色文化的继承与发扬也需要青少年的共同努力②。

（三）方向性

红色文化的方向性体现在，它是在中国发展的特定环境中所产生的优秀文化，吸收了革命前辈的高尚精神内涵。红色文化以马克思主义为指导，从革命建设以及发展的实践中所产生，是科学的、大众的文化，能够为人们指引

---

① 郭国祥，涂业婷. 建党百年红色文化的生成逻辑、内在意蕴与赓续发展［J］. 学习论坛，2022（2）：43 – 50. DOI：10.16133/j.cnki.xxlt.2022.02.009.

② 李仁武. 论“中国精神”的文化传承与当代演绎［J］. 探求，2021（5）：20 – 26. DOI：10.13996/j.cnki.taqu.2021.05.003.

正确的方向，青少年在接受红色文化教育后，能够丰富自身的精神世界，提升自身的品德意志。红色文化不断追求真理、实事求是、不畏艰难的科学精神为中国未来的创新发展提供了动力与方向。

二、红色文化的相关理论研究

本主题的研究从2004年开始呈逐渐增加的态势，2006年后相关论文每年以近一百篇的数量在增长，2018年达到了一千余篇。当前关于红色文化的研究大多集中在红色文化资源、红色文化产业、红色文化的德育功能等，归结为如下几类。

1. 红色文化的相关内涵梳理。白启鹏在《红色精神与马克思主义大众化研究》中写道：红色精神作为文化的一种，体现着红色文化的是井冈山精神、长征精神等，也分别介绍了相关精神的产生以及对于现在的影响，对于了解红色文化的定义提供了进一步的分析①。

2. 红色文化的传承及功能。宋之霞总结新媒体的传播可以实现多情境的互动，提升红色文化的感染力和认同感②。李琳娟认为，新媒体的产生对于传统宣传方式的冲击也为红色文化的宣传提供新的机遇③。曹燕宁《运用短视频传播红色文化的路径探析》中写道将党的历史经验与短视频的规律相结合，增加红色文化的时代感④。李媛在《浅议新形势下革命纪念馆与红色文化发展》提到具体的红色文化传播资源整合途径：打造专业的红色文化传播团队，加快传播载体的创新等。张章《互联网时代红色文化传播的路径分析》对

---

① 白启鹏. 红色精神与马克思主义大众化研究[D]. 吉林大学，2012.

② 宋之霞. 新媒体语境下红色文化传播的机遇、现实困境与有效路径[J]. 嘉兴学院学报，2020，32(2)：45－50.

③ 李琳娟. 新媒体环境下红色文化传播路径研究[J]. 出版广角，2019(2)：74－76. DOI：10.16491/j.cnki.cn45－1216/g2.2019.02.022.

④ 曹燕宁. 运用短视频传播红色文化的路径探析[J]. 声屏世界，2019(1)：23－24.

于传播提出新的看法。

红色文化在宣传过程中还要结合地域性、时代性等特点,“我们在开发和利用红色资源时要注意时代性、地域性”,也要保持红色文化的革命特点和代表党的先进性,让红色文化大众化在发展中因地制宜和合理开发,结合本地特色发展,不破坏原有的经济结构。国内的诸多学者已经对于红色文化进行了不同层次的研究,但对于红色文化大众化的研究还有待深入,本文将在红色文化大众化传播途径方面进行梳理,希望可以对于红色文化的教育与传播提供借鉴意义。

三、红色文化的精神内涵

红色文化是中华民族优秀的文化瑰宝,展现了党和人民坚毅的精神力量和优异的精神品质,是需要我们潜心研习并将其传承和发扬的宝贵财富。

(一)热爱祖国,团结协作

红色文化是中国共产党在革命、建设和发展过程中所产生的先进文化,在战争年代,共产党人不畏牺牲,迎难而上,在炮火中为新中国的成立开辟道路,首先凭借的就是强烈的爱国主义精神;在社会主义建设及发展的过程中,共产党人为了祖国的进步,攻坚克难,奉献自己的一切,凭借的当然也是对祖国深厚的敬爱之心。由此可见,在红色文化中展现最强烈的精神内涵就是爱国主义精神,即中国人对祖国深切的热爱之情与忠诚。若缺少了爱国主义精神,红色文化就不可能产生和发扬,爱国主义精神的重要性也提醒我们要将其继承和延续,使红色文化中这一重要的精神品质得以传承和发展。

红色文化深刻的精神内涵也离不开团结协作的合作精神,中国共产党之所以能发展壮大,其中一个重要的原因就是团结协作,能够集中力量办大事,正是这样,才使得中国共产党从弱小走向强大、从稚嫩走向成熟。在炮火纷飞的战争年代,共产党人团结协作,运用各种战略,积极应对一切战争考验,面对胜利共产党人认真总结胜利经验，团结一心共同迎接即将到来的挑战；面对失败，共产党人也不会气馁，团结协作，及时总结失败教训，在困难中绝地反击，取得最后的胜利。由此可见，团结协作对于一个政党、一个集体的发展具有重要的作用。团结协作也是红色文化的重要精神内涵，需要我们深入进行理解和把握。

（二）不忘初心，艰苦奋斗

中国共产党带领中国人民一路走来，带来了人民安定而富足的生活，而能够取得如此巨大的胜利，其中一个原因就是共产党人不忘初心、艰苦奋斗。毛泽东同志长久以来都十分重视勤俭简约、艰苦奋斗的优良传统，他在《重庆谈判》中谈话的讲道："吃苦在别人前面，享乐在别人后面，这样的同志就是好同志。"中国共产党一路走来都秉持着艰苦奋斗的态度，在革命时期，共产党人财力匮乏，还需要面对强大的敌人进行作战，但依旧保持不拿群众一针一线的优良作风，凭借自身顽强的意志，应对残酷的战争，努力奋斗。习近平同志也对艰苦奋斗作出进一步的解释，他指出"幸福是靠奋斗出来的"。

由此可见不忘初心、艰苦奋斗在共产党的发展历程中的重要性，这一精神内涵不仅指引着共产党人奋斗和前进，同时，也是警醒共产党人抵制腐败的关键[①]。腐败是一个政党之中的蛀虫，腐败的产生会使得一个政党走向衰败，而我们的党始终不忘初心、艰苦奋斗，时刻用这条指示警醒着自己，使自己能够不受物质因素的困扰，用一颗廉洁的心，去应对工作中的一切。在全面建设社会主义现代化国家的进程中，不忘初心、艰苦奋斗也依旧是我们应对一切问题的武器，在面对社会中一切复杂的问题时，我们不要退缩，牢记中华民族长久以来延续下来的这一优良传统，越是困难越要勇往直前，保持积

① 毕霞，吴少华. 伟大建党精神的定位、内涵特征和时代价值[J]. 甘肃理论学刊，2022(01)：34－41.

极向上的精神风貌，用一颗坚韧的心去面对生活中的艰难困苦，要延续共产党人不畏艰险、艰苦奋斗的精神风貌，更好地传承红色文化精神内涵。

（三）自强不息，开拓创新

自古以来，中华民族就具有自强不息的精神实质，这种自强不息的精神也是红色文化精神内涵中的重要内容①。在近代历史上中国由于贫穷和落后，曾受尽压迫和屈辱，但中国人民并没有因此而一蹶不振，而是努力探索中华民族前进的方向，经过一次次的失败和尝试，直到中国共产党的出现，党带领人民发扬自强不息的精神，在艰险和困难中坚持拼搏和战斗，终于使得中华民族屹立于世界民族之林。

关于红色文化在高校德育中应用存在的问题，主要表现为社会环境对红色文化在高校德育中的应用存在影响。复杂多变的社会环境使红色文化在高校德育中应用面临新的挑战。张芹在《关于淮安红色文化资源融入高校思想政治教育的思考》一文中指出，社会环境对于当前大学生道德品质的发展有着深远的影响②。王揽、胡军华在《红色文化融入研究生德育现状研究——基于江西省部分高校调查》提出，当前社会环境较为复杂，高校德育与社会环境密切相关③。因此，高校要处理好社会环境对德育的影响，加强红色文化教育。

① 刘国瑞.论中国共产党精神谱系的文化向度[J].理论导刊,2022(02):110－116.

② 张芹.关于淮安红色文化资源融入高校思想政治教育的思考[J].西部素质教育,2019,5(21):24－25.DOI:10.16681/j.cnki.wcqe.201921009.

③ 王揽,胡军华.红色文化融入研究生德育现状研究——基于江西省部分高校的调查[J].湖北成人教育学院学报,2019,25(1):62－66.DOI:10.16019/j.cnki.cn42－1578/g4.2019.01.014.

第二节　河北省红色文化脉络梳理

原河北省委书记王东峰在燕山大学党史学习教育专题报告会上指出："要坚持发扬光荣革命传统，充分利用我省红色资源，深入学习西柏坡精神、唐山抗震精神、塞罕坝精神，认真学习李保国同志先进事迹，始终保持艰苦奋斗和拼搏奋进的精神状态。"

一、河北省红色文化特点

一百年来，河北这块英雄的土地上，在中国共产党的领导下，河北人民艰苦奋斗，开拓创新，逐渐产生和形成一大批红色资源，凝炼和铸造了具有河北特色的红色精神谱系，成为中国共产党百年精神谱系的重要组成部分，成为不断推动"经济强省，美丽河北"建设的重要精神力量。河北省红色文化的独有特征是与河北省的地理位置、物产、近代以来教育文化的发展以及历史人文特征紧密相连的，呈现出如下明显特征。

1. 河北省红色文化精神谱系完善

从五四运动到新时代，河北省红色文化资源种类丰富，形式多样。如爱国主义教育地标有革命圣地西柏坡、一二九师司令部旧址、晋察冀军区司令部旧址、抗日军政大学师生学习生活锻炼遗址群、红色湖泊白洋淀、地道战经典村庄冉庄、五壮士牺牲地狼牙山等；红色人物有中国共产党创始人之一、中国共产主义先驱李大钊，红军主力兵团将领董振堂，著名的抗日英雄范子侠、黄骅、周建屏、马本斋、鲍夫、郭企之等，著名的抗日国际友人白求恩、柯棣华等，解放战争时期舍身炸碉堡的英雄董存瑞等，抗美援朝一级战斗英雄杨春增等；新民主主义革命时期和社会主义建设过程中的重要精神有"谦虚谨慎、戒骄戒躁、艰苦奋斗”的西柏坡精神、“公而忘私、患难与共、百折不挠、勇往直前”的唐山抗震精神等。

2. 五四运动和中国共产党创建时期，革命风暴对河北各地的影响深入而持久

1901 年清政府实行教育新政后，直隶各地纷纷兴办新式学堂，对教师的需求急剧增加。为适应这一需求，1903 年在保定创办全国最早的师范学堂——直隶师范学堂。此后的 1905 年至 1925 年间直隶(河北)省先后兴办了十所师范学堂(学校)和六所女子师范学堂(学校)，这十六所师范学堂(学校)建于天津、保定、滦州、邢台、宣化、衡水、大名、正定、泊头、通州等地。均匀地分布在河北大地上，他们与各个中心城市的中学、县城的高级小学以及广大农村的初级小学一起，构成了当时河北省的教育主阵地，担当着培养民族英才的历史任务。五四运动爆发后，由于地缘优势，河北各个中心城市、县城学校的师生也参与其中。之后，马克思主义书刊经由北大师生传播到河北省各个中心城市的师范学堂(学校)和中学，以及县城学校的师生之中，在这些学校中产生了马克思主义的信仰者，为河北各地党组织的建立奠定了思想和组织基础。五四新文化运动对河北大地影响深刻，马克思主义在河北传播广泛，各地尤其是农村也出现了一批坚信马克思主义的师生、农民甚至于开明士绅，这对日后农村土地革命斗争的发动、农村抗日战争的发动和坚持产生了极为重要的影响。

3. 抗日战争时期，河北军民对敌斗争最艰苦，付出牺牲最多，作出贡献最大

抗日战争时期，共产党领导河北抗日军民建立了晋察冀、晋冀豫、冀南、冀鲁豫、冀热辽抗日根据地。冀东一带地处关外关内交通要道，是伪满洲国通向华北平原的咽喉要道；张家口一带是从北平占领大同，进而南下抢占山西的必经之地，也是从北平西进绥蒙、控制蒙古高原的中间站；华北平原盛产粮棉，是日军进行和扩大侵略战争的战略基地；太行山的各个交通孔道沟通华北平原和山西高原，是日军西进东出且必须守备的战略重地；平汉铁路和

津浦铁路纵贯河北大地，是日军坚守华北、侵略中原的两把铁钳。河北省的这些战略特征，决定了日本侵略者必然要派重兵加以固守，也决定了共产党和八路军要坚决加以保卫，做到寸土必争，寸土不让。在抗日战争时期河北军民对敌斗争最艰苦，付出牺牲最多，做出贡献也最大。抗日战争胜利后，河北军民把为国牺牲精神、奉献精神持续发扬光大，为解放战争、社会主义建设和历次抗洪救灾保京津做出了巨大贡献。

4.革命精神和燕赵风骨相结合，赋予燕赵精神新的时代内涵。

受地理环境和发展历史的影响，河北人民具有忠厚持重、坚持正义、敢于担当的燕赵风骨。燕赵大地是民族融合之地，胡服骑射的包容图强胸襟，易水河岸的壮士悲歌，宋辽前线的不屈拼杀，深深烙印在河北人民精神血脉中。近代以来，河北人民在民族危机面前，揭竿而起，发动了景廷宾起义和义和团运动，但是都以失败告终。中国共产党的建立，为在苦难中奋斗摸索、探寻出路的河北人民指明了斗争方向。自此以后，河北人民在中国共产党的领导下，举起大刀、扛起长矛，打土豪，斗税警，杀鬼子，他们不惧死亡，勇毅前行；他们在党的教育下，从一盘散沙聚集为革命的队伍，从个人英雄成长为有理想的革命战士，在新民主主义的各个革命阶段涌现出无数革命先烈和人民英雄，为民族解放、国家独立做出了重要贡献。河北人民在革命斗争中逐步形成了听党指挥，不怕牺牲，前仆后继，为国尽忠的革命精神，这一精神基因已经影响了河北的昨天和今天，也将持续影响河北的未来。

二、河北红色文化资源和精神谱系的主要内容和内涵特色

经初步梳理研究，河北省红色文化资源和精神谱系主要有：

1.义和团运动

最早起源于河北省威县和广宗县，主要代表人物是赵三多和景廷宾。义和团运动是反帝反封建的爱国运动，阻止了帝国主义瓜分中国，促进了中国

广大人民群众的觉醒，成为近现代河北历史的光辉一页。这是河北红色文化资源和精神谱系形成的重要历史背景之一。

2. 李大钊和五四运动、建党活动以及建党精神

李大钊是河北省乐亭人，北京大学图书馆主任、教授，他是五四运动的主要组织者之一，是中国共产党的主要创始人和早期领导者之一。五四运动是彻底的反帝反封建的爱国运动和思想解放运动。五四运动促进了马克思主义理论在中国的广泛传播，为中国共产党的成立在思想上和干部上做了准备。李大钊在中国共产党建党活动中发挥了重要组织领导作用，他的一生体现了伟大的建党精神。

3. 董振堂、赵博生、季振同与宁都起义和长征精神

他们于 1931 年 12 月领导国民党第二十六路军 17000 余人在江西宁都举行起义，加入红军，史称“宁都起义”。后赵博生和季振同在战斗中壮烈牺牲。长征中，董振堂任红五军团军团长，被誉为“铁流后卫”。长征结束后，董振堂参加西路军，壮烈牺牲于甘肃高台。董振堂是红军时期牺牲的河北籍最高将领，被毛泽东誉为“坚决革命的同志”。2009 年 9 月，董振堂被中宣部等 11 个部门评为“100 位为新中国成立做出突出贡献的英雄模范人物”。董振堂等三人和他们领导的宁都起义为红军发展壮大、长征胜利和长征精神的形成做出了重要贡献，是河北人民和河北革命史的光荣和骄傲！

4. 晋察冀、晋冀鲁豫革命根据地和抗战精神

中国共产党领导的晋察冀和晋冀鲁豫革命根据地的核心位于河北省太行山区。晋察冀根据地是我党建立的第一个敌后抗日根据地，是敌后最大的根据地。邓小平、刘伯承、徐向前、聂荣臻、宋任穷、陈再道、杨秀峰、罗瑞卿、何长工等老一辈无产阶级革命家战斗生活于此。晋察冀和晋冀鲁豫两大敌后抗日根据地为抗战精神的形成起到很重要的作用。

5. 抗日军政大学在邢台办学和抗大精神

中国人民抗日军事政治大学曾于1940年底至1943年春迁至邢台县前南峪一带办学，时间长达两年多。这两年是华北抗日战争最艰苦的阶段，华北日军对抗大进行了两次大扫荡。抗大在前南峪举办了建校五周年纪念活动，成立了“陆军中学”，培养了一万余名军政干部。抗大在邢台太行山区办学期间，按照党中央有关指示，进一步加强思想政治工作，发扬毛泽东主席所题“团结、紧张、严肃、活泼”校训和“坚定正确的政治方向、艰苦朴素的工作作风和灵活机动的战略战术”教育方针为核心的抗大精神，为抗日战争各战场培养了大批英才。

6. 中共中央移驻西柏坡和西柏坡精神

中共中央于1948年5月移驻平山县西柏坡，在这里驻守了十个月，其间指挥了驰名中外的三大战役，召开了具有历史转折意义的七届二中全会与全国土地会议，从而解放全中国，故有“新中国从这里走来”“中国命运定于此村”的美誉。西柏坡和井冈山、瑞金、遵义、延安都是我国的革命圣地。西柏坡精神本质特征是“两个敢于”（敢于斗争，敢于胜利）和两个“务必”（务必保持谦虚谨慎的作风，务必保持艰苦奋斗的作风）。中国共产党在西柏坡时期是中国历史上最生动、最活跃、最威武雄壮的一个篇章。两个“敢于”体现大无畏的革命英雄主义精神，两个“务必”体现了积极进取不断革命的精神。西柏坡精神是河北革命精神谱系中最重要、最亮丽风景的。

7. 杨春增等志愿军烈士和抗美援朝精神

杨春增，河北省沙河县（今沙河市）人，1945年参加中国人民解放军，1948年加入中国共产党，1951参加中国人民志愿军入朝作战。1952年8月6日晨，杨春增在坚守阵地时战至最后两人，他命令卫生员撤退，自己举起最后一颗手雷冲入敌群与敌人同归于尽，壮烈牺牲，年仅23岁。1952年11月，中国人民志愿军领导机关为杨春增追记特等功，追授“中国人民志愿军一级战斗英雄”“中国共产党模范党员”等称号。1953年6月25日，朝鲜民主主义人民共和国追授杨春增为“朝鲜民主主义人民共和国英雄”称号和金星奖章、一级国旗勋章，现沙河市陵园建有“杨春增烈士纪念碑”。杨春增等一大批河北籍抗美援朝战士以鲜血和生命生动诠释了伟大的抗美援朝精神。

8. 吕玉兰等全国劳动模范和劳模精神

吕玉兰，河北省临西县东留善固村人，她15岁成为新中国最年轻的农业合作社社长，1958年入党，1960年任本村党支部书记，1966年当选中共中央委员，1970年任临西县委书记。她提出了著名的“农业要上去，干部要下去”的口号。1971年任中共河北省委书记。吕玉兰积极带领群众战天斗地，改变了家乡一穷二白的面貌，从一个普通的农村姑娘逐步成长为闻名全国的女劳动模范和女省委书记。吕玉兰是我省劳动模范的突出代表，她的一生真正体现了无私奉献的劳模精神！

在社会主义建设时期河北省涌现出了王国藩、王志琪、尚金锁等一大批劳动模范，他们与吕玉兰一起成为劳动模范的代表，共同谱写了劳模精神。

9. 任仲夷、马胜利等改革家和改革开放精神

任仲夷（1914—2005），河北威县人，曾任第一任邢台市委书记、邢台市市长，后任大连市市长、市委书记。改革开放初期先后任辽宁省委和广东省委第一书记。在任辽宁省委第一书记期间，任仲夷第一个公开发表响应“实践是检验真理的唯一标准”的大讨论文章，批判“两个凡是”。他亲自主持张志新烈士的平反昭雪工作。在主政广东期间，任仲夷率先实行改革开放政策，短短五年间让长期落后的广东经济总量走在了全国前列，为中国改革开放事业谱写了新的篇章。马胜利是我省著名企业家，他敢于创新、勇闯新路，影响推动了我省的改革开放事业。任仲夷和马胜利等特区和内地一大批改革家

为引领和推动全国改革开放以及改革开放精神的形成做出了重要贡献。

10. 塞罕坝机械林场和塞罕坝精神

塞罕坝机械林场始建于1962年,几十年来,塞罕坝机械林场三代建设者在荒漠沙地上艰苦奋斗、甘于奉献,创造了荒原变林海的人间奇迹。他们在荒漠上种下112万亩人工森林,将森林覆盖率提高到80%,塞罕坝人让世界看到了人类正在创造绿色文明的奇迹。机械林场荣获全国脱贫攻坚楷模称号,2017年荣获联合国环保最高荣誉——“地球卫士奖”。习近平总书记指出,塞罕坝机械林场建设史是一部可歌可泣的艰苦奋斗史。他们用实际行动铸就了牢记使命、艰苦创业、绿色发展的塞罕坝精神,这对全国生态文明建设具有重要示范意义。塞罕坝精神是新时期河北精神的最突出代表,具有强烈的现实意义。

11. 李保国先进事迹和李保国精神

李保国是河北农业大学教授、博士生导师。他从1981年开始,扎根太行山区三十余年,主要从事山区开发治理和经济林栽培技术研究,先后培育了“全球生态环境建设五百佳”提名奖典型——邢台县前南峪村、全国科教兴村先进典型——内丘县岗底村和全国农业标准化示范基地——河北绿岭果业有限公司等先进典型,打造了“浆水”牌板栗、“富岗”牌苹果和“绿岭”牌核桃等全国知名品牌产品,他所推行的“绿岭薄皮核桃矮化密植栽培技术”被认定为国内首创。他主持了“太行山石质山地爆破整地造林技术”“太行山高效益绿化配套技术研究”“太行山板栗集约栽培”等国家、省部级科研课题,先后获国家科技进步三等奖1项,省部级科技进步二等奖7项,省部级科技进步三等奖9项。习近平总书记对李保国同志先进事迹作出重要批示,号召广大党员、干部和教育、科技工作者要学习李保国同志心系群众、扎实苦干、奋发作为、无私奉献的高尚精神,自觉为人民服务、为人民造福,努力做出无愧于时代的业绩。

12. 邢台地震、唐山地震和抗震精神

1966 年 3 月 8 日和 22 日,邢台地区发生了强烈地震,这是新中国成立后发生在我国人口稠密地区造成严重破坏和人员伤亡的第一次大地震,是中国灾害史上的重大事件,也为中国抗震救灾和地震预测提供极为宝贵的经验。周恩来总理曾三次亲临灾区视察,提出"自力更生、奋发图强、发展生产、重建家园"的救灾方针。在抗震救灾斗争中,邢台人民同全国军民一道,用鲜血和汗水铸就了"顾全大局、无私奉献、团结互助、和衷共济"的邢台抗震精神。

1976 年 7 月 28 日,唐山市丰南区发生了里氏 7.8 级强烈地震,造成重大人员伤亡和损失。唐山人民在党和国家的正确领导下,在全国军民的无私援助下,在战胜灾难、重建家园的过程中凝结成公而忘私、患难与共、不折不挠、勇往直前的抗震精神,成为中国人宝贵的精神财富。这两次地震和四川汶川大地震体现出来抗震救灾精神一起成为中国共产党精神谱系的重要组成部分。

13. 河北洪灾与抗洪精神

1963 年和 1996 年,河北省两次发生巨大洪灾。河北人们奋起抗击洪水,为保护京津、保护京广铁路等国家重要交通设施,舍小家顾大家,作出了重大牺牲,凝聚和形成了万众一心、众志成城、不怕困难、顽强拼搏,坚韧不拔、敢于胜利的抗洪精神。

第三节
河北省红色文化在大学生群体中的宣传调查

一、调查对象

大学生样本来自石家庄市、邯郸市、邢台市、沧州市等七所高校,采用方便取样的方法,发放题为《河北省大学生红色文化感知与认同现状的调查问卷》共 714 份,实际回收有效问卷 696 份,问卷回收率为 97. 89% 。被调查对象的人口学变量分布如表 8 所示。

表 8　被调查对象的人口学变量统计分析

人口学变量	类别	人数(人)	百分比(%)
性别	男	302	43. 40
	女	394	56. 60
年级	大一	205	32. 23
	大二	181	28. 46
	大三	211	33. 18
	大四	39	6. 13
政治面貌	中共党员	47	7. 39
	共青团员	543	85. 38
	民主党派	0	0
	群众	46	7. 23
学科	理学	33	5. 19
	工学	13	2. 04
	文学	277	43. 55
	法学	20	3. 14
	教育学	226	35. 53
	其他	67	10. 53
合计	——	696	100

二、调查内容

本次调查从以下五个方面对河北省大学生红色文化认知情况进行了评价,均为客观题,具体内容如表 9 所示。

表9　河北省大学生红色文化认知调查内容一览表

调查内容	调查目标	分数含义
1. 红色文化重要性认知	河北省当代大学生对“红色文化”意义的觉知,明了红色文化对自己价值观形成的重要性。由五个项目组成,分别从价值观塑造、理想信念、对历史的感知及爱国主义情怀进行了评价。	采用1－5计分。“1”代表非常不同意;“5”代表非常同意。 分数越高,自评的健康程度越好;反之越差。
2. 红色文化学习态度	当代大学生对红色文化学习态度的现状,分别从总体自我感知、必要性、感兴趣程度、自觉性和熟悉程度五个方面来进行测评。	采用1－5计分,“1”代表非常不愿意;“4”或“5”代表非常愿意。分数越高,红色文化学习态度就越积极。
3. 对河北红色文化的熟悉度	当代大学生对河北省红色文化资源的熟悉程度及红色文化对其所产生的影响。	采用1－5计分,“1”代表非常不了解;“5”代表非常了解。 分数越高,对河北省红色文化的熟悉程度越高。
4. 红色文化了解途径	当代大学生通过何种途径来了解红色文化资源。对提高河北省红色文化宣传效果具有非常重要的作用。	此项目为多选题,可以选择多种途径来了解河北省红色文化。
5. 校园红色文化教育	校园红色文化宣传现状,从学校组织红色文化学习活动、对学校红色文化活动的评价及对红色价值观内涵的了解对校园的红色文化教育现状进行了研究。	针对具体的问题,计算大学生进行选择或陈述的频次和百分比。频次和百分比越高,此方面的工作就越需要。

续表

调查内容	调查目标	分数含义
6. 红色文化教育建议	从受众视角了解大学生对高校开展校园教育活动所应采取措施的建议。从大学生的政治认同、活动组织进行评价。	采用开放性问题,从大学生受众的角度来探讨红色文化的影响

三、调查结果

1. 红色文化重要性认知

大学生对红色文化重要性认知层面的调查,采用5点评分的方法,共5道题,“1”表示“非常不同意”,“5”表示“非常同意”,并运用 spss 21.0 对河北省大学生“红色文化重要性认知”进行结果统计,调查结果如图8、图9所示。

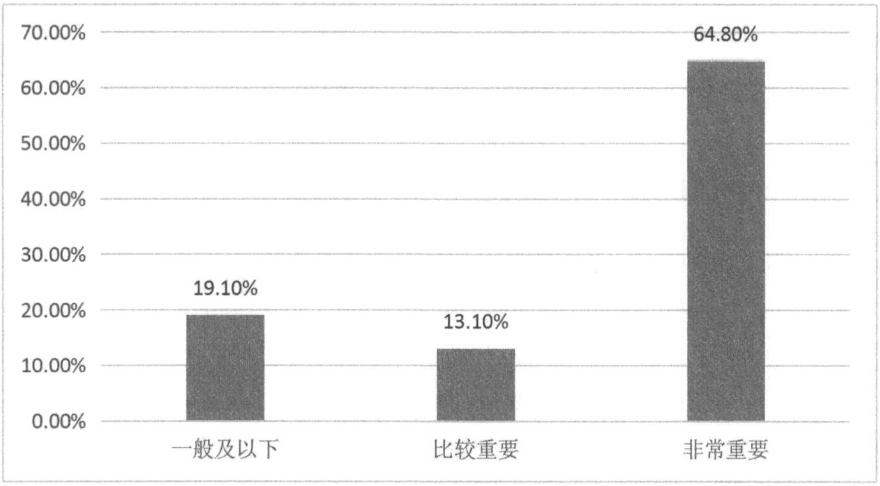

图5　河北省大学生对红色文化重要性感知各分数分布比例

调查结果表明，有 19.1% 的大学生对红色文化重要性程度认知水平低于 3 分（理论均值），有 13.1% 的学生认为红色文化比较重要，64.9% 的大学生则认为红色文化非常重要（分值为 5 分）。河北省大学生红色文化重要性认知均分为 4.61 分。此统计结果反映出 69.9% 的大学生觉得非常有必要学习红色文化，超过五成（64.9%）的大学生认为红色文化的学习和认同在他们的价值观塑造、理想信念、对中国历史的感知、爱国主义情怀的培养等方面都具有非常重要的作用。但仍有将近 35% 的大学生对红色文化重要性的认知存在着不足。运用 SPSS 22.0 对人口统计特征（性别、年级、政治面貌、所学专业等）所造成的差异进行了检验，结果并未发现存在着显著的人口统计特征差异。

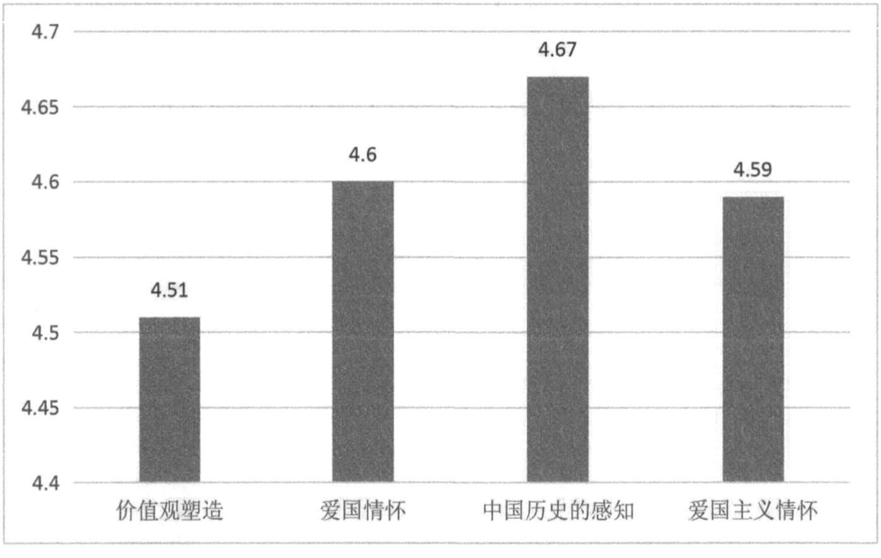

图 6　河北省大学生各个方面的红色文化重要性感知

小结：由统计结果可知，当前河北省大学生对红色文化重要性认知水平较高（M = 4.61），有 69.9% 的大学生认为非常有必要学习红色文化，且认为红色文化具有思政价值、道德教化、价值观导向和优化教育方式的功能，在我国社会主义精神文明建设中扮演着重要的角色。但,仍有超过 30% 的大学生,对红色文化的重要价值和意义认识不够,对其进行数据追踪,发现大一、大二学生居多,大三红色文化重要性认知水平最高。

2. 红色文化学习态度

(1)对学习红色文化的总体态度评价

本研究运用“你对学习红色文化的态度是”来对当代大学生学习红色文化的整体态度进行评价。由表 10 调查数据可见,74.37% 的认为当代的大学生非常有必要学习红色文化。

表 10　河北省大学生红色文化学习总体态度

选项	小计	比例
A. 非常没必要	4	0.57%
B. 比较没必要	5	0.72%
C. 一般必要	30	4.31%
D. 比较有必要	141	20.26%
E. 非常有必要	516	74.14%
本题有效填写人次	696	

(2)大学生学习红色文化态度的具体表现

本课题还从必要性、感兴趣程度、自觉性和熟悉程度几方面对大学生红色文化学习的具体态度表现进行了测评。调查结果表明,有 5% 的学生对红色文化重要性程度认知水平低于 3 分(理论均值),而有 26.3% 的学生对学习红色文化比较感兴趣,超过 40%(42%)的大学生对学习红色文化非常感兴趣(分值为 5 分)。河北省大学生红色文化学习态度均分为 4.43 分,低于大学生对红色文化重要性认知的均值。(68.7%)的大学生对学习红色文化特别有兴趣,45.55% 的大学生平时会特别留意红色文化相关的信息,59.48% 的大学生表示愿意主动学习红色文化相关的知识。此结果证实，虽超五成的大学生(68.7%)对学习红色文化特别有兴趣，但超过30%的大学生则表示对文化不感兴趣，不会主动关注红色文化相关的信息。

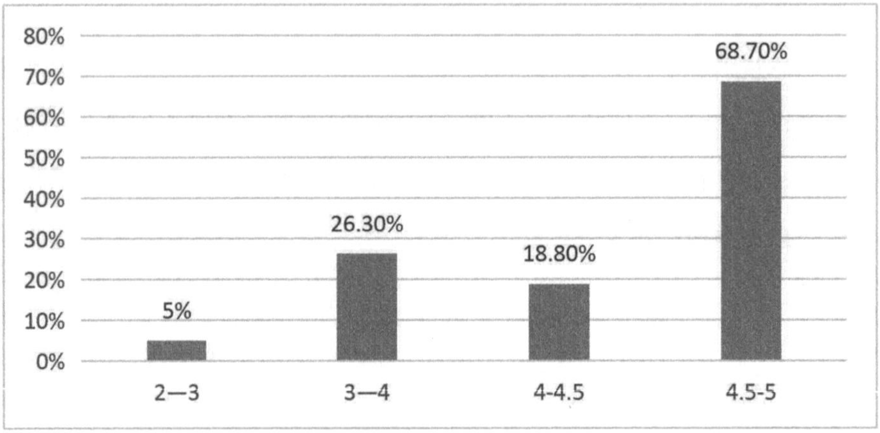

图7　河北省大学生红色文化学习具体态度分析

小结：

①对大学生红色文化的态度进行了调查，首先对大学生的总体学习态度进行了评价，结果发现74.14%的大学生对学习红色文化持有积极的兴趣，20.26%的大学生对学习红色文化比较有兴趣，5.6%对表示对红色文化没有兴趣。该结果表明当今大学生普遍对学习红色文化持有积极的态度。

②在对红色文化学习态度进行具体的分析过程中发现，虽然大部分学生认为当前学习红色文化是必要的，但当前部分大学生缺乏主动学习红色文化的意识，超过30%的学生表示自己不会主动学习红色文化相关的信息，而且有超过30%的大学生明确表示对河北省红色文化的内涵及相关知识并不清楚，38.79%的大学生表示虽然知道河北红色文化相关的内容，但并不了解具体的内涵。

③由上述数据统计可知，当今大学生虽然对学习红色文化具有积极的态

度，但涉及具体的行为态度时，也出现了大学生群体具有红色文化学习兴趣的部分大学生（超过30%）缺乏学习红色文化的自觉性，并且对河北省红色文化了解程度不高。

（3）红色文化学习兴趣的人口统计特征

统计结果表明，红色文化学习态度存在着性别差异，男生的红色文化学习态要显著高于女生，男生为4.57，女生为4.41。从年级上来讲，大三对红色文化学习兴趣要远远高于大一和大二学生，大一学生学习态度相对来讲最低。党员的学习态度是最为积极的，而已有的结果表明共青团虽然占的人口最多，但其学习态度最低。

男生对红色文化感兴趣在一定程度上与男女人际交往特质有关，男生人际交往中会谈论涉及政治、经济和历史等等话题，而女大学生涉及这一话题相对来讲较少，所以男生对红色文化学习积极性要高于女生，而大三学生在经历了两年的大学学习后，通过学校的教学安排，实践活动，不断地提升大学生的国家认同；而共青团员虽然人数众多，但学习积极性不高。

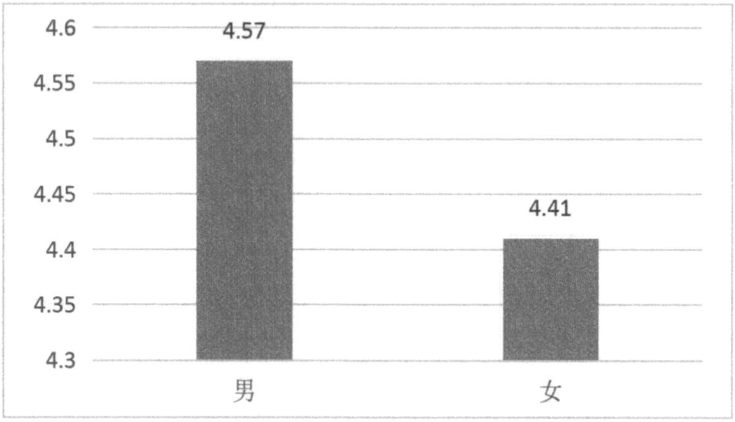

图8　男女大学生红色文化学习态度的差异

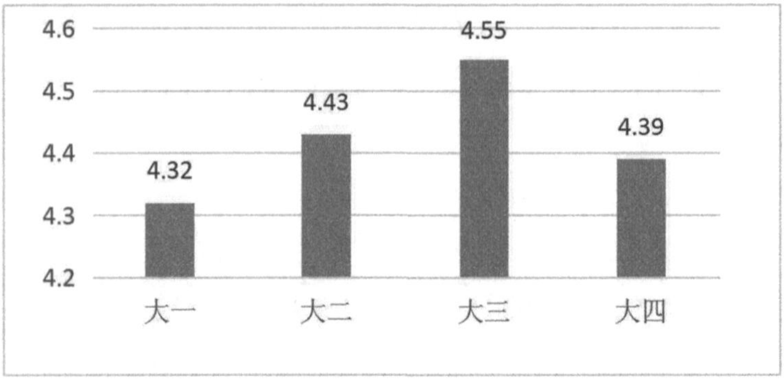

图9　不同年级大学生红色文化学习态度的差异

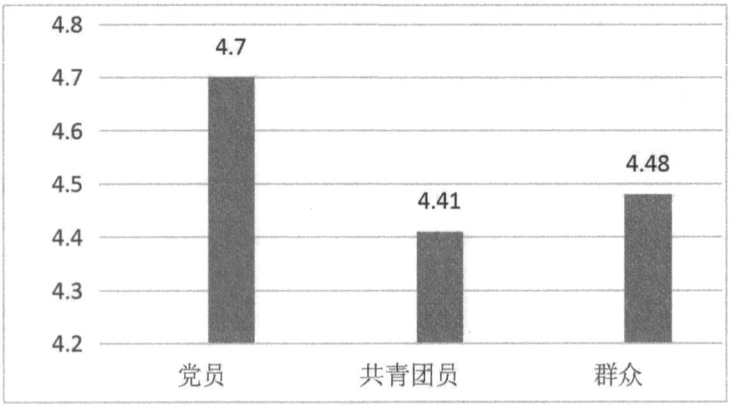

图10　党员、共青团员、群众三种身份大学生红色文化学习态度的差异

3. 河北省大学生对河北红色文化熟悉度

调查河北省大学生对河北省红色文化资源的熟悉程度及红色文化对大学生生活所产生的影响。

(1)对家乡红色文化熟悉度

问卷中设计问题:您对河北红色文化的有一定的了解吗？调查结果显示:仅有27.01%的大学生表示能够了解河北省红色文化的内涵。在对大学生进行访谈的过程中，发现河北省大学生对河北红色文化的了解多来自更“西柏坡精神”“狼牙山五壮士”等载入史册的比较经典的案例，但对其所承载的精神谱系等具体内涵缺乏了解，有超过30%的学生认为自己虽是河北人，但对脚底下这块土地所承载的红色历史文化无从觉知。由此可见，河北红色文化在大学生群体的宣传存在着非常大的空缺。

表11　河北省大学生对家乡红色文化熟悉度现状的统计表

选项	小计	比例
A. 非常不了解	2	0.29%
B. 比较不了解	39	5.6%
C. 不太了解，只知道其概念	197	28.3%
D. 比较了解，知道相关历史	270	38.79%
E. 非常了解，知道其中的内涵	188	27.01%
本题有效填写人次	696	

（2）河北红色文化会对大学生生活的影响

红色文化有益于青少年形成正确的世界观、人生观、价值观，发挥传承创新、道德教化、价值观导向和优化教育方式的功能，在我国社会主义精神文明建设中扮演着重要的角色。

为调查此维度，特设一道多选。调查结果显示：虽然超过80%的学生认同红色文化的学习对价值观的塑造、精神生活的丰富都有着非常高的价值，但仍有超过50%的大学生认为红色文化已经成为历史，对自己如今的现实生活已经没有很大影响了，再次印证了高校大学生在红色文化教育上存在着一定的空缺。从大学生的选项上可以看出，“更好地了解历史，继承优良的革命传统”认同的人最多，其次是丰富精神生活，另外，就是更加热爱今天的生活。

表 12　河北省大学生对红色文化影响认知现状的统计表

选项	比例
A. 让我们更加热爱今天的生活，更好地面对未来	82.61%
B. 更好地了解历史，继承优良的革命传统	86.78%
C. 丰富精神生活	84.48%
D. 红色文化是革命时代的产物，对自己的生活没有产生很大的影响	55.03%
本题有效填写人次	

(3)对家乡红色文化资源的熟悉程度

红色文化资源(红色纪念馆、红色人物事迹、红色故事、革命精神等)是传承红色文化精神，厚植爱国主义情怀的教育基地，河北省有着丰富的红色革命历史，有着大量的遗址。但仅有 17.4% 的大学生表示自己非常了解河北省的红色文化资源，在对邢台学院的学生进行访谈时，虽身在邢台，但仍有一部分学生对邢台红色文化资源“一片空白”，将近 50% 的学生并不了解自己身边的红色文化资源。学校教育，尤其是课程思政元素应融入河北红色文化资源，“家国情怀”培育源于现有“家”才能有“国”，爱自己生活的地方是培育大学生爱国主义精神非常重要的认知基础。

表 13　河北省大学生对红色文化熟悉度现状的统计表

选项	小计	比例
A. 非常不了解	8	1.15%
B. 比较不了解	54	7.76%
C. 一般了解	262	37.64%
D. 比较了解	252	36.21%
E. 非常了解	120	17.24%
本题有效填写人次	696	

4. 红色文化学习途径

了解当代大学生接收信息的途径,能为校园红色文化教育活动提供重要的参考。

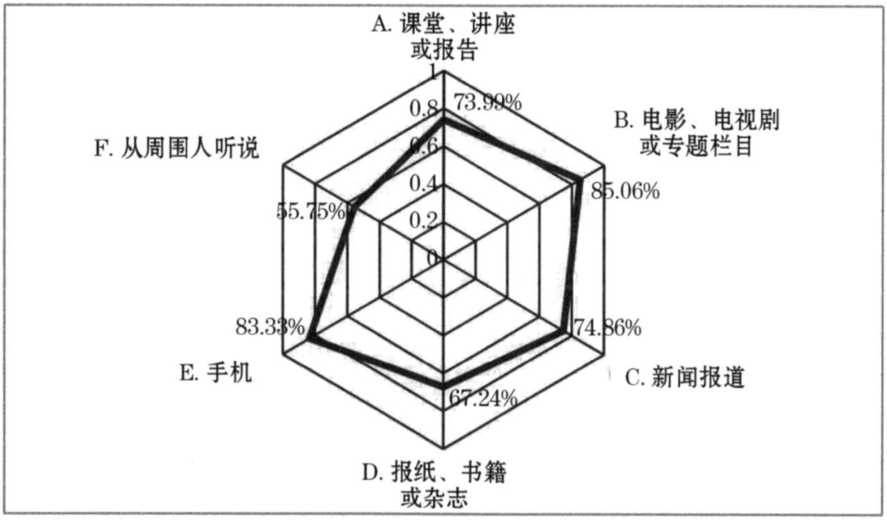

图 11　大学生红色文化学习途径

小结:

手机已经成为当代大学生获取红色文化相关信息的重要途径,其次为影视作品,但大学生对影视作品的观看依然在手机上进行。另外,学校课堂教学、讲座或者报告均是大学生获取信息文化的主要途径。

5. 校园红色文化教育现状分析

(1)采用多种形式进行红色文化教育的现状调查

当问到"您认为是否有必要以多种形式开展红色文化教育"这一题目时,仅有 54.02% 的大学生认为非常有必要,将近 50% 的大学生对是否采用多种形式举办红色文化教育这一问题并未给予肯定,在访谈过程中发现,大部分学生对红色文化信息的获得和感受来自手机上"学习强国",而观看学习强国很大的原因是现在学校采用一定的制度。还有原因是疫情防控期间,大学校园多处于封闭式管理状态,学校的一些活动也处于“非必要,不举办”这一原则,所以大学生在校期间,尤其大一、大二的学生无法感知到多种类型的活动。

(2)红色文化实践基地参观访问现状调查

有62.36%的大学生参观过红色文化实践基地,但仍有37.64%的学生未去过红色文化实践基地。通过对大学生进行访谈得知,红色文化基地参观活动多发生在上大学以前,上大学后,学校组织到红色文化教育场所(如革命遗址、历史博物馆等)进行学习教育的频率相对来讲较低,究其原因,一是本课题有一部分被调查者为大一、大二的学生,这部分学生上学时间恰好是在疫情期间,大多数学校实行封闭管理,二是学校制度要求,大学生组织活动审批制度特别严格,学校也是从学生安全角度考虑,所以组织活动较少。

有超过五成(54.02%)的大学生认为非常有必要以多种形式来开展红色文化教育活动,在访谈大学生的过程中发现,绝大部分学生在问到“如果学校有红色文化教育活动”你会参加吗?大部分学生直接回答是愿意的,有一部分同学回答只要不与自己安排的活动有冲突,还是非常愿意参与的。

表14 河北省大学生对采用多种形式开展红色文化教育活动认同度的统计表

选项	小计	比例
A.是	434	62.36%
B.否	262	37.64%
本题有效填写人次	696	

(3)对所属院校红色文化宣传活动的主观评价

由统计结果可知,30.89%的大学生认为所属院校红色文化宣传力度非常大,31. 90%的大学生认为比较大,近40%的大学生认为所属院校红色文化宣传需进一步加大。

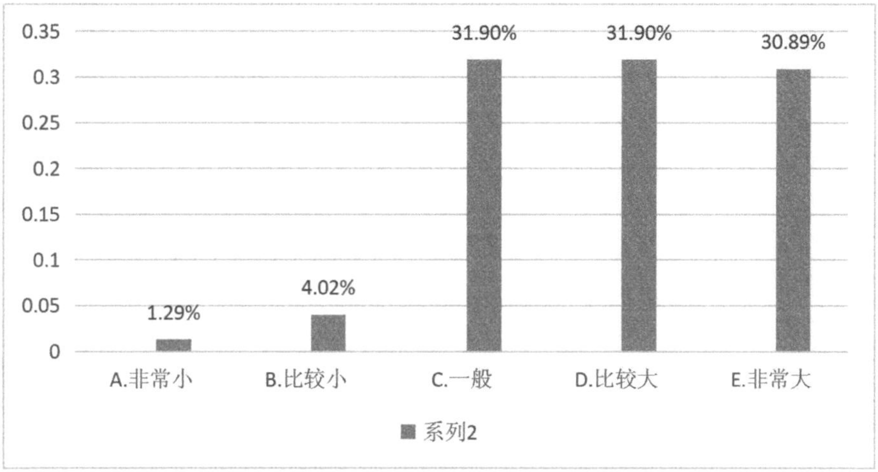

图12　大学生对校园红色文化宣传活动的评价

(4)大学生参加思政课或红色文化课程培训的原因探析

本课题在基于对大学生进行访谈的基础上,了解当前大学生参加思政课或者文化课程或培训的原因,调查结果显示如下:个人兴趣、教师的讲课美丽、必修学分、个人考研、自身成长。调查结果发现:选择“对自身生活或成长成才有利”的人最多(76. 29%),此外,依次是必修课要求、考研、教师魅力和个人兴趣。

此结果表明,2021年是建党百年,随着社会各个层面的意识渗透,当今大部分大学生已经认识到红色文化的学习本身所具有的教育价值。

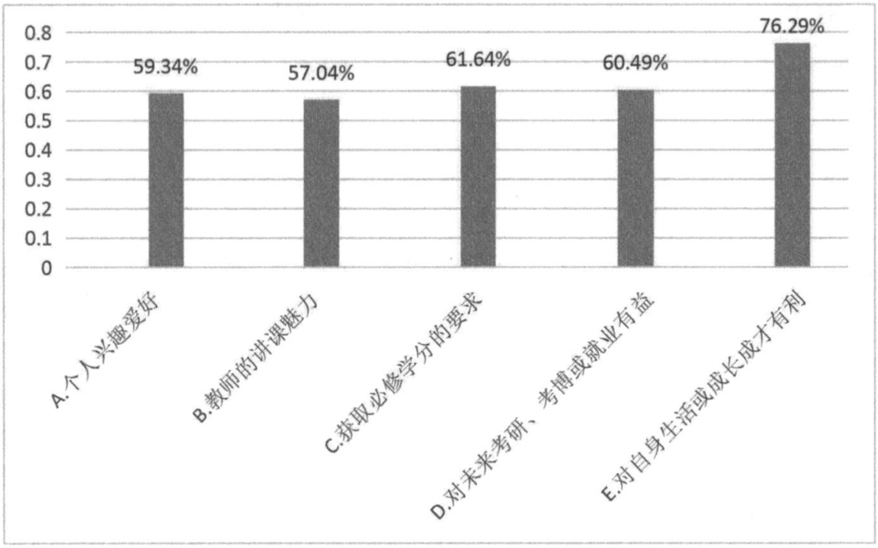

图 13　大学生参加思政课或红色文化课程培训的原因

6. 红色文化教育的建议

从以下几个方面对大学生红色文化教育需求及应采取的措施进行调查：实践活动、政治认同、红色旅游及相关制度。

(1)实践活动

“对于组织的以下红色文化实践活动，你会参加哪种方式”进行了调查，为多选题，结果如图 14 所示：红色景点旅游活动是大学生选择最高的实践活动方式，此外依次为：红色文化演出、红色主题公益活动、红色文化展览、红色文化讲座。

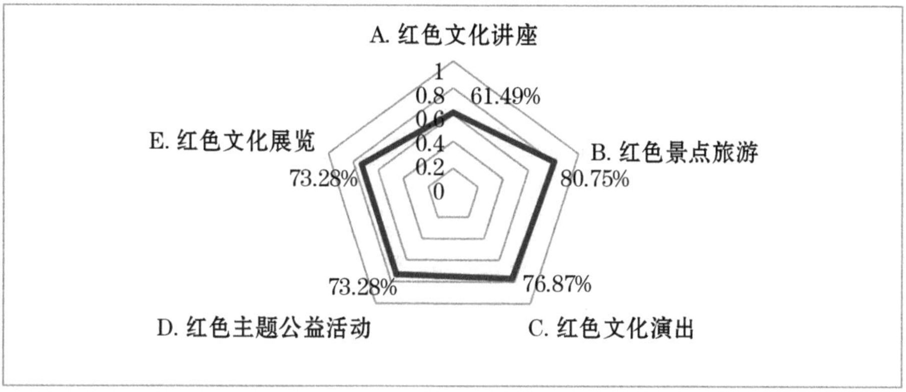

图 14　河北省大学生参与红色文化实践活动的方式

（2）政治认同

就“您认为哪些方式能够加强大学生的政治认同”进行问卷调查，结果发现，如图 15，选择观看红色文化相关影视作品选项最高，为 83.19%，其他依次为：参观红色旅游景点、积极参加本地红色文化学习宣传活动、阅读红色文化相关书籍、现场体验教学、红色网媒移动终端推送相关信息、其他等。由此可知，红色影视作品、相关旅游成为大学生最为期望的红色文化教育活动。

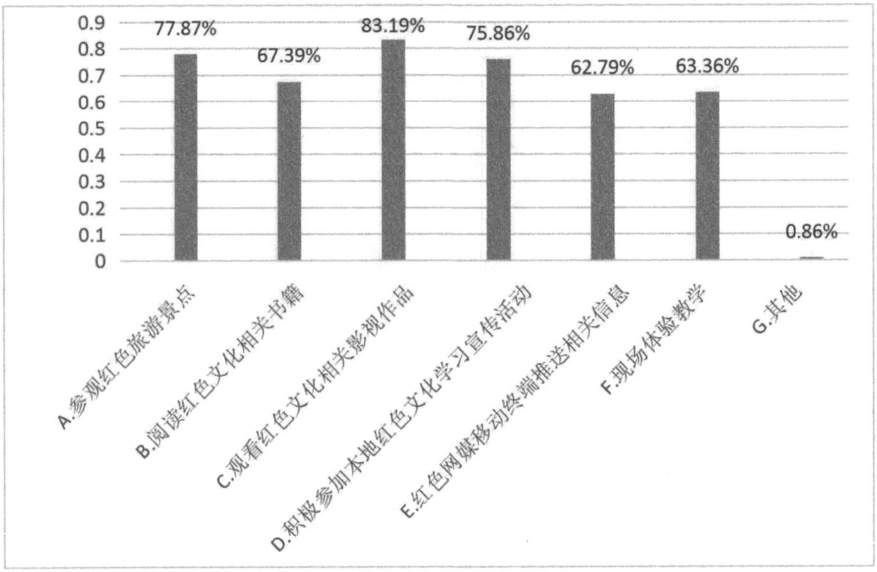

图 15　增强大学生政治认同的红色文化教育方式

(3)红色旅游活动

河北省红色文化资源丰富,在前期的大学生访谈过程中发现,红色旅游活动是大学生最为期待的红色文化教育活动。为此,调查问卷中设置了"如果学校组织一场红色旅游,您更注重红色旅游什么意义"这一单选题,调查结果如图 16 显示:70. 55% 的大学生选择注重红色旅游的教育意义。这一调查结果与上文中的大学生最为期待的红色文化教育方式相一致。

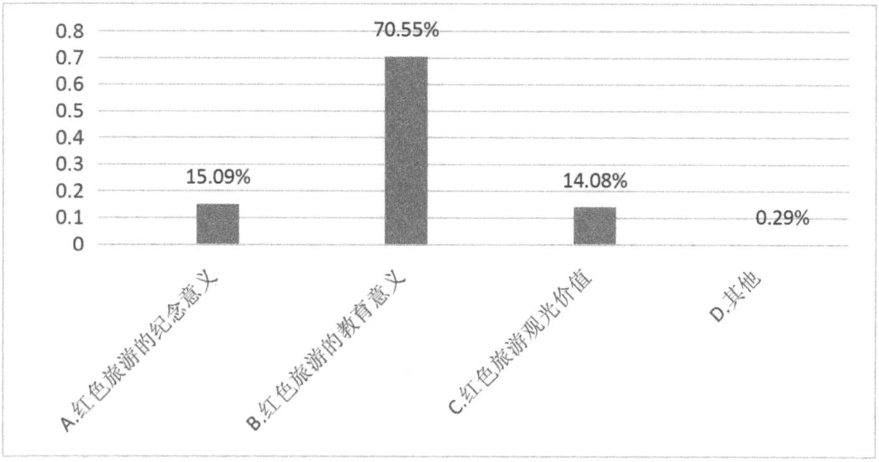

图 16　大学生注重红色旅游价值的调查结果

（4）规章制度

在对大学生进行访谈时，发现大学生参与一些红色文化教育相关的活动，很大的原因是学校制定相关的规章制度。在对大学生进行问卷调查时，89.66%的大学生认为非常有必要来制定相关规章制度，比如大学生参加“红歌比赛”等校园活动以及选修相关课程的原因是相关奖励制度的制定。

表 15　大学生对红色文化教育中规章制度认同度的统计表

选项	小计	比例
A 没有必要	12	1.72%
B 有必要	624	89.66%
C 可有可无	56	8.05%
D 其他	4	0.57%
本题有效填写人次	696	

四、提升河北省红色文化宣传实效性现存问题的分析

（一）部分大学生对红色文化学习兴趣、态度有待提升

2021年是中国共产党成立100周年，在全国深入开展党史学习教育活动的形势下，全国展开了红色文化的学习，河北省大学生对红色文化重要性认知水平较高（M=4.61），超过50%的大学生认为非常有必要学习红色文化，对红色文化相关知识的学习在总体上呈现积极的态度（M=4.41），且对红色文化所具有的思政价值、道德教化、价值观导向和教育方式的功能持有认同态度。

但是仍有超过30%的大学生，对红色文化的重要价值和意义认识不够。具体表现为：当涉及具体学习态度时，在学习红色文化的必要性上20%多的人（23.84%）认识不够；12.07%的人表示不感兴趣，30.6%的表示比较感兴趣，非常感兴趣群体刚超过50%（57.33%），此结果表明大学生对主动学习红色文化的兴趣并不浓厚。另外，调查结果显示：仅有45.55%的大学生在学习红色文化表示会留意红色文化相关的内容，表示愿意学习红色文化相关知识的占比低于50%。

（二）红色资源的开发和利用不足，内涵亟待深化

河北省是中国革命的摇篮，红色文化资源丰富。涌现和形成了：五四运动（李大钊）→长征精神（董振堂、赵博生、季振同等）→抗战精神（邓小平、刘伯承、聂荣臻、杨秀峰等老一辈无产阶级革命家领导的晋冀鲁豫、晋察冀等抗日根据地，抗日军政大学、狼牙山五壮士、马本斋等）→西柏坡精神（“赶考”路、两个“务必”）→抗美援朝（杨春增等）→劳模精神（吕玉兰）→改革开放精神（任仲夷、马胜利）→塞罕坝精神→李保国精神。还有扶贫攻坚精神，抗震、抗洪、抗疫精神等。

但是目前河北省大学生对红色文化熟悉度并不是很高，仅有27.01%的

大学生表示自己非常了解河北省红色文化相关的知识和内涵，但在对这部分同学进行追踪访谈时发现，仅仅知道一些特别经典的红色文化事迹，对其所代表的精神内涵并不了解。

（三）河北省红色文化的价值意义在大学生群体中有着较高的认同

红色文化具有多重功能，对河北省大学生进行问卷调查时，86.18%的大学认为红色文化能更好地了解历史，继承优良的革命传统；84.48%的大学生认为河北省红色文化丰富了当今大学生的精神生活；82.61%的大学生认为红色文化的学习能够帮助其更加热爱现在的生活。但仍有超过54.15%的大学生认为红色文化需要进一步创新。

（四）红色资源宣传途径需要多元化

综合分析相关研究成果，从以下几个途径（校内课题、讲座或报告；电影、电视剧或专题栏目；手机；新闻报告；报纸、书籍或杂志；从周围人听说）对大学生了解红色文化的途径进行了调查，结果发现：电影、电视剧或专题栏目是当今大学生了解红色文化最常用的方法。在对大学生进行访谈时发现，大学生均采用手机来观看电影、电视剧或专题栏目，而且当今高校里要求大学生学习“学习强国”，且采用相关的制度来保障学习人数。由此可知，手机目前成为大学生学习红色文化最常用的一种宣传途径。

另外，由此数据可知，校园内的课堂教学、举办的讲座或报告也是当今大学生了解红色文化最为常见的方法。随着思政课程——课程思政——大思政观等的提出，目前的高校都特别注重红色文化的宣传工作，并举办各种活动来宣传党史、红色文化等相关知识。对学生的调查数据进行追踪，结果发现目前学生多采用“学习强国”这一手机App来观看红色文化相关的影视作品和红色文化相关的知识，虽然目前高校特别注重课程思政、红色文化相关讲座、大学生团日活动，但大学生主动参与度并不是很高，需要学校相关的制度来保证课程的顺利进行。

（五）红色文化在大学生群体中宣传力度不够，民众认同感有待提升

在对大学生接受红色文化教育现状进行调查时发现：河北省虽有丰富的红色文化资源，但通过调查发现，当前的大学生对河北省红色文化资源并不清晰，红色文化资源的开发利用较为浅显，对于红色文化遗址的开发大多数以红色旅游景点为主。

红色文化教育具有普遍性的特点，在实践访谈和问卷调查中，大学的课堂讲授、讲座和活动能够对大学生进行红色教育起到积极的作用，相较过去单一的书本教育模式有了改善。但在实际反馈中，大部分学生对于课堂外的实践活动往往浮于形式，考查也仅仅是完成任务式的，忽视了活动背后的精神实质；本该在广度上具有优势的红色文化教育，没有落到实处。

河北省大学生对河北省红色文化了解不足。红色文化作为土生土长的文化，是从革命年代的炮火中一步一步锤炼出来的，河北人对其都有着血浓于水的情感，但因为传播渠道等因素，大学生对其了解不深。另一方面对于河北省红色文化，大学生的认同感也不强，仅限于了解几个较为知名的红色文化景点，对于红色文化的本质、内涵了解却不多，无法对所在城市及河北省的红色文化产生一定的认同感和归属感，也使得河北省市红色文化无法得到更好地宣传和扩展。

六、提升大学生红色文化教育的实践路径

（一）加强组织领导，把“90”后大学生“红色文化”认知摆上重要位置

近几年来，高校的各级领导及相关部门，围绕大学生“红色文化”的教育培养做了大量的工作，付出了艰辛的努力，也取得了一定成绩。但从所要达到的要求和实现的目标来看，还存在着缺乏系统规划、组织协调比较松散、保障严重不足等问题。因此，必须要通过大力加强组织与领导，搞好系统规划

与设计，完善相关的保障等措施，从而使大学生“红色文化”培养教育工作有一个大的转变。

要制定科学的规划与计划。要在对“90后”“00后”大学生进行深入调研、认真分析、反复论证的基础上，制定关于高校“红色文化”培养教育的中长期规划，让“红色文化”的宣传教育，切实进入课堂、进入校园文化、进入校园网络、进入学校的实践教育，真正成为高校教育体系中的一个有机组成部分。力争通过一个或几个教育周期的努力，有重点、有步骤地提升相关培养教育的质量与水平，以实现全面改善大学生“红色文化”认知现状这一基本目标。要依据规划制订有关的年度实施计划，形成课堂教育与教育活动的各类分计划，包括课程方案和活动方案等，建立相关的考评手段，制定教育和活动的保障计划等，并加强对各类计划实施的组织、协调与监督，以确保其落实到位。

(二)丰富红色文化教育实践活动，建立红色文化教育实践活动评价机制

问卷调查结果表明，大学生参加红色文化宣传活动的主要原因是有相关的规定，红色文化教育实践活动是课堂教育的延伸，也是社会公众培养社会主义核心价值观的重要途径，在实施的过程中，要想充分发挥其职能，需要健全相关的评价机制。

当前的教育评价机制是对教育实践活动的总体评价。“目前，部分地区开展的红色文化教育实施过于随机，缺乏有效的评价、检讨机制。各项活动的开展只有活动的细则，缺少红色文化教育指标化的考核体系。”而部分地区在组织实践活动时，缺乏实践活动的合理设计和环节规划，未能明确活动进行的最终目的，为了活动而组织活动，效果自然不会理想。大部分地区采取的活动方式是让参观者在观看革命影片或参观革命遗址和博物馆等地之后，写下读后感或观后感，总结本次活动。但如此照搬照抄的形式不能引发学习者的深入思考，只能以应付的心态来完成观后感和心得体会。对于组织的实

践活动的总体评价缺乏完善的评价机制和衡量标准，导致社会实践活动难以达到预期的目的。

其次，校园红色文化教育缺乏长效保障机制，对红色文化的传承和开展教育实践系列活动需要强有力的资金支持，但大部分地区并没有设立专项实践经费，因此，实践活动的质量一般。为此，应构建体系完善的红色文化教育长效保障机制，健全经费保障制度，以及活动跟踪评价的考核机制，进而对红色文化传承的教育实践活动发挥持续性影响，对培养社会公众社会主义核心价值观认同发挥应有的促进作用。

(三)与时俱进，利用好新媒体的红色文化信息服务功能

首先，运用新媒体做好红色文化的传播和发展。新媒体传播中技术的不断发展，使我们突破了以往的传统媒体对外宣传红色文化种种限制和阻碍，也使我们能够更加方便、迅速地展现中国的大国地位和国家形象。换句话说，新媒体平台为提高我国文化的软实力、促进红色文化的不断发展、消除其他国家和地区对于我国误解和分歧提供了崭新的平台和窗口。在利用新媒体技术当中，应积极借助传统媒体的人才优势和内容优势，充分地掌握一般大众特别需求和一般心理需求，对红色文化已经存在的优秀的研究成果和理论加以包装和整合，以增强对红色文化的共享和互动功能。

其次，运用新媒体可以更好地做好红色文化信息交流沟通工作。在传统的大众传媒时期，大众很少有机会表达自己的意愿，缺少一个公众交流平台。在由新媒体构筑的虚拟平台与梦幻时空里，创造了比现实生活中的人际交往更为自由的虚拟交流空间和平台。红色文化的传播利用好这一便利工具将更加有效地促进其传播。当然，应该把这样的红色进行包装和策划，融入人们喜闻乐见的生活之中。与此同时，我们应该更加关心周遭的人和事，更加关注整个社会的发展现状，更加关注人类未来的发展情况。

（四）不断挖掘我省红色文化内涵，丰富红色文化的表现形式

前期对大学生的访谈得知，红色文化教育同质化现象较为严重，缺少教育特色。社会公众对于众所周知的红色文化教育基地已经十分熟悉，再加上严重的教育同质化问题，导致社会公众对于红色文化的学习兴趣较低。

目前，对红色文化的宣传主要由让大学生群体愿意学习理论、喜欢或者主动了解红色文化的知识内容，这个情况下就需要转变活动形式提高大学生群体的关注度。首先要了解大学生群体了解时事的途径来源，在工作之余获取信息的渠道，在此基础上转变文化的宣传方式，吸引大学生的关注。其次，之前对于时事大多是以正式、严肃的场合或者频道播放，现在的大学生对于新闻联播的关注相对较少，更多的信息来源都在网络中。面对这种情况应该加快转变活动的方式来增加影响度，目前的互联网平台中可以成立正规专门的网站门户，作为红色文化的信息集聚地，在网站门户中可以构建几个学习的选择项，可进行有奖问答、智慧闯关、真人对决等多种形式。

在新媒体中，可以加大对于“两微一端”的应用，成立专门的公众号，在公众号中时时更新著名学者的相关观点文章等，从时效上获得青年的喜欢，在公众号中可以更新一些对于红色文化存在的误区，改变原有思想中存在的误区，加深对于红色文化的印象；可以更新一些红色遗迹的视频，在视频中可以增加对于遗迹的讲解，用讲解填补知识的盲区。

在网络平台中在大学生喜欢运用的 App 软件中，可以建立专门的账号进行宣传，在该账号中可以更新一些红色文化相关的漫画，用丰富的漫画角色来传递红色文化中宝贵的精神内涵，在漫画的创作时要先进行筛选，选出当代大学生相对了解较少的方面再进行创作，也可以诚招有相关经验的优秀人才进行文化的理解，根据新理解用漫画的形式表达。

(五)打造具有地方特色的红色文化品牌,提升大学生的主动性

1.融合地方文化,传承红色基因

深入理解地方文化,深入把握地方文化的特色,把地方文化的精髓要义与红色文化有机结合起来。打造具有地方特色的河北红色文化,需要将地方特色文化融合起来,进一步传承好红色文化基因。地方红色文化品牌,无疑会提升大学生对红色文化和地域文化的认同感。

打造属于地方自身的红色文化品牌,必须深入挖掘地方红色文化的深刻内涵,结合地方特色。河北地区除了有丰富的红色文化资源,还有生活在这片土地上勤劳勇敢、自强不息、民风淳朴等美好品质的人民。另外,河北地区生态环境优美,景色十分宜人,打造地区的红色文化品牌,可以把地区的历史、河北人民的美好品质、河北地区优美的自然风光和丰富的河北红色文化结合起来,根据当前红色文化旅游市场的需求,深入挖掘河北红色文化的深层次内涵,着力打造河北红色文化旅游精品,创立独具特色的河北红色文化品牌。

2.创新红色旅游模式

当前红色旅游模式比较单一,很多都是陈列参观为主,更多的是以图片形式进行陈列,辅助的实物不多。一些高科技设备由于技术不成熟、维护成本高,向游客展示的时间也比较有限等,游客得不到很好的情感体验和视觉体验,因此部分游客去了一两个红色旅游景点后,再也没有欲望去其他红色旅游景点。

第一,科学规划完整的红色旅游产业链。红色旅游是红色文化传承与发展的重要载体,改进和创新红色文化旅游模式,对传承与发展红色文化有着重要意义。目前,全国对红色文化资源的开发、利用过程存在相互模仿、重硬轻软、千篇一律,没有自身特色的普遍现象,红色文化内涵没有得到深层次的

挖掘,对游客缺乏感染力、吸引力。对潜藏在红色旅游中的红色精神,没有得到深层次的把握。尚未形成一条完整的红色旅游产业链。

第二,积极架构河北省红色文化体验与活力为中心。在红色旅游开发的过程中,应该充分考虑游客的感官效果和体验感受,引进高科技技术设备,让游客实现现实与时空的转换,身临其境感受红色文化的浓郁气息,使游客身临其境感受到中国共产党带领中国人民实现民族独立和民族解放的艰辛,使游客建立起对红色文化的立体性感知。

第三,科学规划红色旅游线路。红色旅游景点多在山区,旅游途中耗费的时间较多。因此,在对红色文化旅游资源进行开发利用过程中,要科学地规划红色旅游线路。另外,着力打造全域旅游,同时,可以把各个市的独具特色的风俗、魅力乡村文化、优美的自然风景与红色旅游结合起来,使游客有更好的视觉体验,感受更多红色文化的地域风采。

附录

河北省大学生红色文化感知与认同现状的调查问卷

亲爱的同学：

你好！首先非常感谢你在百忙之中抽出时间来填答问卷。本问卷旨在了解你对红色文化感知与认同现状的基本情况。问卷采用无记名形式，所得资料仅供研究使用，会严格保密，请放心如实回答。再次感谢你的积极配合，祝你学习进步，生活愉快！

一、个人信息

1. 你的性别（　　）。

A. 男　　B. 女

2. 你所在的年级（　　）。

A. 大一　　B. 大二　　C. 大三　　D. 大四

3. 你的政治面貌情况（　　）。

A. 中共党员　　B. 共青团员　　C. 民主党幕　　D. 群众

4. 你的学科是（　　）。

A. 理学　　B. 工学　　C. 文学　　D. 法学　　E. 教育学　　F. 其他

二、红色文化重要性认知

5. 红色文化使我更加知晓社会主义核心价值体系。(　　)

A. 非常不同意　　B. 比较不同意　　C. 一般同意

D. 比较同意　　E. 非常同意

6. 红色文化使我坚定了中国特色社会主义理想信念。(　　)

A. 非常不同意　　B. 比较不同意　　C. 一般同意

D. 比较同意　　E. 非常同意

7. 红色文化使我对“没有共产党就没有新中国”这句话有更加深刻的体会。(　　)

A. 非常不同意　　B. 比较不同意　　C. 一般同意

D. 比较同意　　E. 非常同意

8. 红色文化能够激发我的爱国情怀。(　　)

A. 非常不同意　　B. 比较不同意　　C. 一般同意

D. 比较同意　　E. 非常同意

9. 红色文化使我对政治现象的敏锐性和理性判断能力有明显提升。(　　)

A. 非常不同意　　B. 比较不同意　　C. 一般同意

D. 比较同意　　E. 非常同意

10. 红色文化使我对我国未来政治局势充满信心。(　　)

A. 非常不同意　　B. 比较不同意　　C. 一般同意

D. 比较同意　　E. 非常同意

三、红色文化学习态度

11. 你对学习红色文化的态度是。(　　)

A. 非常没必要　　B. 比较没必要　　C. 一般必要

D. 比较有必要　　E. 非常有必要

12. 弘扬红色文化的必要程度如何。(　　)

A. 非常没必要　　B. 比较没必要　　C. 一般必要

D. 比较有必要　　E. 非常有必要

13. 你对红色文化的兴趣程度如何?(　　)

A. 非常不感兴趣　　B. 比较不感兴趣　　C. 一般感兴趣

D. 比较感兴趣　　E. 非常感兴趣

14. 你平时会有意识关注河北红色文化方面的内容和信息吗?(　　)

A. 非常不关注　　B. 比较不关注　　C. 一般关注

D. 比较关注　　E. 非常关注

15. 你是否愿意主动学习红色革命精神?(　　)

A. 非常不愿意　　B. 比较不愿意　　C. 一般愿意

D. 比较愿意　　E. 非常愿意

四、河北红色文化熟悉度

16. 你对河北红色文化的有一定的了解吗?(　　)

A. 非常不了解

B. 比较不了解

C. 不太了解,只知道其概念

D. 比较了解,知道相关历史

E. 非常了解,知道其中的内涵

17. 河北红色文化对您有影响吗?(　　)(可多选)

A. 让我们更加热爱今天的生活,更好地面对未来

B. 更好地了解历史,继承优良的革命传统

C. 丰富精神生活

D. 红色文化是革命时代的产物,对自己的生活没有产生很大的影响

18. 你认为和河北红色文化在新时代的传承价值在哪些方面？（　　）（可多选）

A. 有利于加强党的建设，培育人民群众政治认同感

B. 有利于陕北当地经济的发展

C. 有利于满足大众精神文化的需求

D. 革命时代的产物，在新时代没有重要的价值

E. 其他

19. 你对家乡或所在高校的区域红色文化资源（如当地的红色纪念馆、红色人物事迹、红色故事、革命精神等）是否了解？（　　）

A. 非常不了解　　B. 比较不了解　　C. 一般了解

D. 比较了解　　E. 非常了解

五、红色文化了解途径

20. 你了解红色文化的主要途径（　　）。（可多选）

A. 课堂、讲座或报告

B. 电影、电视剧或专题栏目

C. 新闻报道

D. 报纸、书籍或杂志

E. 手机

F. 从周围人听说

六、校园红色文化教育

学校红色文化教育现状

21. 学校组织到红色文化教育场所（如革命遗址、历史博物馆等）进行学习教育的频率是（　　）。

A. 从未有过　　B. 很少会　　C. 一般

D. 偶尔会　　E. 经常会

22. 你认为是否有必要以多种形式开展红色文化教育。(　　)

A. 非常没必要　　B. 比较没必要　　C. 一般必要

D. 比较有必要　　E. 非常有必要

24. 你所在的党支部或者团支部平时会开展红色文化主题教育活动吗？(　　)

A. 从未有过　　B. 很少会　　C. 一般

D. 偶尔会　　E. 经常会

25. 你所在高校对红色文化的宣传力度(　　)。

A. 非常小　　B. 比较小　　C. 一般

D. 比较大　　E. 非常大

26. 你平时参加思政课或红色文化课程培训的原因是(　　)。(可多选)

A. 个人兴趣爱好

B. 教师的讲课魅力

C. 获取必修学分的要求

D. 对未来考研、考博或就业有益

E. 对自身生活或成长成才有利

27. 你对社会主义核心价值观的文明内涵了解多少？(　　)

A. 非常不了解　　B. 比较不了解　　C. 一般了解

D. 比较了解　　E. 非常了解

七、红色文化教育建议

28. 对于组织的以下红色文化实践活动方式，你会参加哪种方式？(　　)(可多选)

A. 红色文化讲座

B. 红色景点旅游

C. 红色文化演出

D. 红色主题公益活动

E. 红色文化展览

29. 你认为哪些方式能够加强大学生的政治认同?(　　)

A. 参观红色旅游景点

B. 阅读红色文化相关书籍

C. 观看红色文化相关影视作品

D. 积极参加本地红色文化学习宣传活动

E. 红色网媒移动终端推送相关信息

F. 现场体验教学

G. 其他

30. 如果学校组织一场红色旅游,你更注重红色旅游什么意义?(　　)

A. 红色旅游的纪念意义

B. 红色旅游的教育意义

C. 红色旅游观光价值

D. 其他

31. 你觉得是否有必要在学校里建立大学生红色文化相关的实行制度?(　　)

A. 没有必要　　B. 有必要　　C. 可有可无　　D. 其他